慈善事业发展丛书

U1014207

慈善组织能力建设

白少飞　著

CISHAN ZUZHI
NENGLI JIANSHE

中国社会出版社
国家一级出版社　全国百佳图书出版单位

图书在版编目（CIP）数据
慈善组织能力建设/白少飞著．—北京：中国社会出版社，2014.5
（慈善事业发展丛书）

ISBN 978-7-5087-4702-6

Ⅰ．①慈…　Ⅱ．①白…　Ⅲ．①慈善事业—组织机构—建设—研究—中国　Ⅳ．①D632.1

中国版本图书馆CIP数据核字（2014）第069013号

书　　名：慈善组织能力建设
著　　者：白少飞
责任编辑：王秀梅　杨　晖

出版发行：中国社会出版社　　**邮政编码：**100032
通联方法：北京市西城区二龙路甲33号
电话：编辑部：（010）58124826　　（010）58124839
销售部：（010）58124845　传真：（010）58124856
邮购部：（010）58124848
网　　址：www.shcbs.com.cn
经　　销：各地新华书店

印刷装订：中国电影出版社印刷厂
开　　本：170mm×240mm　1/16
印　　张：9
字　　数：110千字
版　　次：2014年9月第1版
印　　次：2014年9月第1次印刷
定　　价：28.00元

编委会名单

编委会主任： 窦玉沛

编委会副主任： 詹成付　潘小娟

编委会成员：（按姓氏笔画排序）

王　萍　王冬芳　王素英　吕　芳

陈鲁南　武福祥　郑远长　徐建中

序

现代社会分别由政府、市场、社会组织三个方面构成。三个方面彼此联系，协同合作：政府是第一部门，以公共利益为导向，通过行政机制提供公共物品；市场是第二部门，以利润为导向，通过市场调节的方式提供商品；社会组织是第三部门，以公共利益为导向，通过志愿、自治的方式提供社会服务，推动社会改革。

慈善事业通常属于第三部门。慈善是指个人、组织在时间、善款或服务方面的自愿捐献。慈善的功用在于通过自愿捐赠、志愿服务等方式实现财富的转移，弥补第一次和第二次收入分配的不足，缩小社会的贫富差异，促进社会的稳定。因此，人们通常也将慈善视为国民收入的“第三次分配”。

公共产品理论认为，由于公共产品是非竞争性的、非排他的，不可避免地存在着“搭便车”的行为，公共产品的供给存在着严重的“市场失灵”。因此，政府便成为公共产品的提供者。然而，虽然公共产品和公共服务的属性特点决定了应该由政府承担某种供应责任，但这并不代表必须由政府直接提供这些服务。公共产品理论进一步提出应当将公共产品的生产和供给明确区分开来。公共产品与公共服务的生产是将一系列投入转换为产出的技术过程，既可由私人承担，也可由公共部门来承担。公共产品的供应责任包括以下一些决策行为：需要提供什么样的产品和服务、产品和服务的数量及质量标准、如何筹措资金、如何将供应和生产连接在一起等。生产和供应的区分对于公共服务改革具有十分重要的理论意义和实践价值，它为公共产品和公共服务的多元化供给提供了理论依据。

与政府相比，慈善组织由于不受行政机制的约束，管理与运营更加灵活，可以满足公众多元化、差异化的需求，对公众需求更具回应性。与企业相比，由于慈善组织以公益为导向，不以营利为目的，因而更能保证公共产品的质量。慈善组织所具有的特性和优势使其成为公共产品和公共服务的重要生产者之一。

在西方发达国家，现代公益慈善事业是政府、市场与公民社会三者分离之后再度密切合作的结果。随着慈善事业的发展及其所处环境的变化，政府的角色发生了巨大转变：由服务的提供者转变为服务的管理者；由服务的生产者转变为服务的购买者；由福利服务的规划者转变为福利服务的审查者。这一转变导致政府、市场与公民社会的边界清楚、权责清晰，三者建立起了相对平等的合作伙伴关系。慈善组织提供公共服务，政府通过直接拨款、购买服务等形式资助慈善组织，这已经成为西方发达国家的通行做法。相关数据表明，西方发达国家慈善组织的收入平均约有三分之一来自于公共部门，是由政府机构和准政府机构通过拨款和合同或报销的方式来实现的。

中国慈善事业的发展路径呈现出一种独特性。新中国成立后，经过1949～1954年的改造，政府取代原来的慈善组织成为社会资源的垄断者与提供者，原有的慈善机构变成附属于政府部门的官方或半官方机构。改革开放后，社会需求的多元化、差异化使得公共财政远远无法满足民众日益增长的需要，因而各种形式的社会组织，如行业协会、商会、学会、基金会、联谊会等纷纷成立。1981年，中国出现了第一家基金会——中国儿童少年基金会，以募集资金的形式为儿童少年教育福利事业服务。1993年，中国出现了首家地方性慈善组织——吉林省慈善总会。改革开放后的慈善组织主要是从政府部门中分化出来的，其目的是合法地吸收境外资源、民间资源用于社会公益事业。由此可见，中国改革开放后最初出现的慈善组织是直接由政府部门建立的，在一定意义上可以视为行政体系的延伸。这一独特发展路径导致政府与社会组织的边界区分不清晰，预示着慈善事业发展具有某种先天的不足，即因缺乏自发性和自主性而缺少足够的动力和应有的活力。目前，我国慈善事业的发展主要面临两个根本障碍：一是政府职能转变不彻底，政府管了许多不该管、管不了也管不好的事情，压缩了公益慈善的发展空间；二是许多本该由政府承担的职能，政府因为种种原因没有承担，影响了慈善事业的良性发育。界定并明晰政府在慈善事业发展过程中的权力边界，完善并加强政府在慈善事业发展中的应尽职能，是当前我国政府所需要着力解决的问题。明晰政府的权力边界，就需要改变政府直接办慈善的思维定式，需要通过优化政策环境、加大购买服务力度等形式间接鼓励慈善事业发展，以形成政府与慈善组织合作共赢的局面。

为了促进我国慈善事业的发展，在民政部本级福利彩票公益金资助下，我们组织编写了这套《慈善事业发展丛书》（共6本），宗旨在于普及慈善知识，传播慈善理念，推动慈善组织建设，促进我国慈善事业的发展。

本丛书在撰写和出版过程中得到了民政部社会福利和慈善事业促进司、中国政法大学政治与公共管理学院以及中国社会出版社的大力支持和帮助。在本丛书付梓之际，丛书编委会向所有提供过支持和帮助的同志表示诚挚的谢意。

由于所涉内容广泛，加之水平有限，因此丛书中不当和疏漏之处在所难免，敬请广大读者不吝赐教。

《慈善事业发展丛书》编委会

目　录

导　论

慈善源自于人类的仁爱之心，是人类本性的一种表现。在中国，慈善活动既是一个亦官亦民的传统行为，又是一个亟待推动的全新事业。在西方，慈善组织在改善贫困者的民生状态、缓解社会冲突、促进社会和谐方面扮演着独特的角色。① 自从人们开始组建专门机构致力于公益事业以来，慈善组织就成为公民社会、第三部门的重要表现形式之一。如何有效整合、统筹调动社会各方面力量的参与——作为慈善组织的任务——在现代社会已经显得必不可少。本书的目的旨在改善和提高慈善组织能力，特别是使慈善组织通过能力建设得以克服种种困境，实现从平凡到优秀、从优秀到卓越的非凡超越。

一、慈善组织的能力构成及建设重点

（一）慈善组织含义

自改革开放以来，我国慈善事业发展日益受到重视，而且慈善事业与时代环境相结合，在中国由温饱迈向小康乃至全面小康社会的过程中，在扶老救孤、济困救灾、助学助医等方面发挥着越来越重要的作

① 冯英、穆凤龙、聂文倩编著：《外国的慈善组织》，中国社会出版社2008年版，扉页。

用。特别是自党的十六届四中全会决议明确写入“健全社会保险、社会救助、社会福利和慈善事业相衔接的社会保障体系”，慈善事业首次写进中央文件以来，在各级党委、政府和有关部门高度重视慈善事业的背景下，慈善法规与政策逐步在建立健全，公民与社会慈善意识不断深化，整个社会的慈善氛围日益向好。慈善组织也在这样一个时代背景下得到了进一步培育和发展。根据民政部的统计数据，全国各类社会组织数量到2010年底已超过43.9万个，其中，基金会2168家，社会团体24.3万个，民办非企业单位19.5万个，非公募基金会已经与公募基金会数量基本相当。[①] 基层慈善组织发展迅速，各类慈善分会、慈善工作站或联络站已经广泛分布于乡镇、街道、村和企事业单位，构成了颇具生命力的基层慈善组织网络。

参考官方的慈善组织统计口径，再通过社会上对慈善概念及其发展历程的几点共识，可以逐步廓清慈善组织的边界：一是先有慈悲为怀、行善积德的慈善行为，后有专门从事慈善并以此为业的慈善组织；二是慈善组织概念常与非营利组织、社会组织、民间组织、公益组织等混同使用，从而与营利组织、经济组织、政府部门、私人机构等构成相对词，以方便理解和辨认；三是慈善起初仅是在他人的生存难以为继时的关怀之举，而后逐步扩展至对社会弱势群体发展权利的关心帮助，现在则已把对人类生存环境的爱护以及对人类社会长远发展的关切活动都纳入了概念范畴。而且，从组织的特征来看，慈善组织应更多表现为民间属性及其自愿、自觉、自立、自强特征。由此，在当前中国，基金会（包括公募基金会、非公募基金会）、各级慈善协会、红十字会以及其他带有福利、慈善色彩的社会团体、民办非企业单位等非营利机构，

① 郑远长：《慈善事业稳步发展——2010年中国慈善事业发展分析》，载杨团主编《中国慈善发展报告》（2011），社会科学文献出版社2011年版，第2页。

均可称为慈善组织。本书论述的慈善组织能力建设均可适用于上述机构。

（二）慈善组织能力构成

所谓组织能力，是指一个组织所具备的、能够产生绩效的、具有生产性和建设性的行为素质。组织的能力强弱、能量大小、水平高低与其所处的外部环境、发展阶段密切相关，更与其自身的硬件基础、内部构造和精神价值直接相关。而且，从某种意义上讲，谈及一个组织的能力就好比评论某个人时，目标指向基本是其自身素质，也就是说，看是否具备顺利完成某一活动所必需的主观条件。2008 年 12 月，胡锦涛总书记在接见第二届中华慈善大会代表时明确指出，慈善事业是改善民生、促进社会和谐的崇高事业，希望各级各类慈善机构充分发挥自身优势，积极传播慈善文化，不断创新募捐方式，切实管好用好善款，以良好形象取信公众、取信社会。民政部《中国慈善事业发展指导纲要（2006～2010年）》在专门论述“培育发展慈善组织，加强慈善组织能力建设”时，不仅强调了慈善组织建立健全内部管理制度（如决策、执行和监督分离的运行机制，规范、公开的财务管理制度，捐赠款物使用的追踪、反馈机制和公示制度）的重要性，还从行业发展高度指出了慈善组织形成行业自律机制、第三方评估机制、社会监督制度对提高慈善组织公信力的必要性。

如上所述，慈善组织能力既反映着外部环境对其的要求，更取决于该组织的内部素质和主观条件。那么，单从其内部分析，基金会等非营利组织能力的基本构成是什么？全球最大的战略咨询公司麦肯锡（McKinsey）在为公益创投合伙人（Venture Philanthropy Partners）做的咨询项目“非营利组织有效的能力建设”中建构了非营利机构的能力金字塔①（见图 1－1－1）。

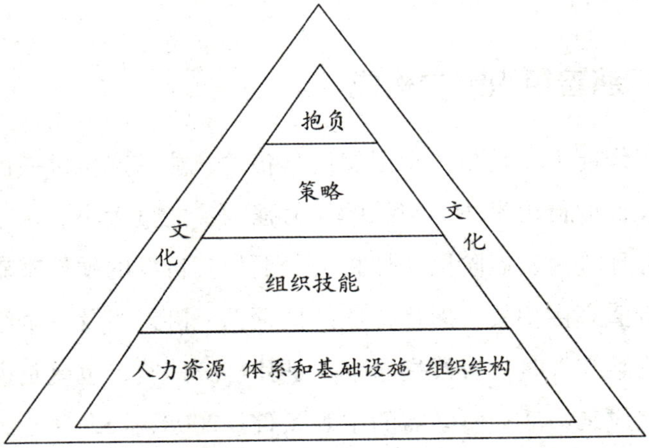

图 1－1－1 非营利机构能力示意图

金字塔框架描述了非营利机构能力建设的 7 个主要部分：三个高层次部分依次是抱负（Aspirations）、策略（Strategies）和组织技能（Organizational Skills），三个基础部分是人力资源（Human Resources）、体系和基础设施（Systems and Infrastructure）及组织结构（Organizational Structure），另一个部分是文化（Culture），它把所有组成部分联结在一起。这样深层次地解构组织能力，系统地分析构成要件，远比一般意义上强调慈善组织要具备如决策与计划能力、机构内部治理能力、人力资源能力、动员及筹募能力、应对环境变化能力、社会沟通或互动能力等各种能力的罗列要清晰、精准得多。因此，能力建设不仅要考虑其全面性和系统性，更要着眼于其有效性和行动力。

---

① 葛道顺等：《中国基金会发展解析》，社会科学文献出版社 2009 年版，第 62～63 页。另参见 Prepared for Venture Philanthropy Partners by McKinsey & Company，"the capacity framework". Effective capacity Building in nonprofit organizations ，pp. 33－36，（http：//doc. mbalib. com/view/a058c80de6000e8372856eb0ae230971. html）。

（三）慈善组织能力建设重点

中国的慈善事业在近年来有了长足进步，但不利其发展的环境因素和自身素质问题依然存在，必须予以郑重对待、认真解决。何增科教授在《中国公民社会制度环境要素分析》中指出，中国民间组织面临有八大困境：（1）注册困境；（2）定位困境；（3）人才困境；（4）资金困境；（5）知识困境；（6）信任困境；（7）参与困境；（8）监管困境。[①] 从组织环境角度分析，注册困境、参与困境、监管困境更多是政治环境因素，是宏观意义上的，需要政府认真加以研究解决；人才困境、知识困境、信任困境属于中观层面，应由社会深刻认识，逐步解决；定位困境和资金困境，虽然不乏政治、社会、经济等综合因素，但从环境角度分析，它们还是相对微观的，属于组织自身应当科学认知、努力解决的。其实，从本体上看，除注册、监管困境外，其余包括定位、人才、资金、知识、信任、参与等困境的凸显都与组织自身有关。而随着组织外在环境的逐步改善，不科学的定位、非专业的组织机构、低下的项目开发及其实施能力、无规划的发展、不牢固的合作伙伴等慈善组织自身的能力建设，越发成为慈善事业能否进一步发展的关键。

因此，基于理论、现实和未来三方面考量，我们来梳理本书讨论的重点能力的出发点。一是理论推演，也就是从理论层面强调哪些能力不仅是重要的，而且是核心、是关键；二是现实需求，强调了组织对其所处环境的适应性和必要回应，组织的生存和发展必须满足社会的要求；三是未来面向，也就是能力建设要把握时代脉搏、应对社会变迁、迎接未来挑战，主动提升慈善组织的核心能力，思考变与不变的关系，立足

① 何增科：《中国公民社会制度环境要素分析》，载俞可平编：《中国公民社会的制度环境》，北京大学出版社 2006 年版，第 121～165 页。

于常量（其实就是有限的那几个核心要素），专注于变量（从而预先寻求应对变革的机会、方向和方法），进而使组织能够始终把目的放在实现组织的特殊使命上，把有限的资源用在能够取得成效的工作上，把主要工作和工作方向建立在优势基础上，把整个组织方方面面的精力都集中于一个至多个主要领域上。

二、本书的结构和特点

本书将按照慈善组织能力建设的一般逻辑，除导论和结语之外，分四章展开论述。第一章试图阐释慈善组织能力建设的首要命题——使命与持续发展能力，回答组织为什么存在，以及如何保持基业长青。该章的关键词为愿景、战略、可持续。第二章则围绕慈善机构的组织与制度建设能力展开论述，回答慈善组织如何因应定位，进行组织建构和制度安排。该章的关键词选择了组织架构、制度规范、专业化。第三章重点论述项目开发及营销能力，这也是慈善组织能力建设的核心部分，该章强调慈善组织应厘定并基于它的优势领域进行项目设计及市场营销。该章的关键词为特色、创新、品牌化。第四章探讨公共关系及合作能力，从慈善组织与外部合作方面回答如何巩固和拓展组织生存发展的有效空间。该章的关键词为网络化、合作化、透明化。

在正文各章的体例上，均分为基本理论、核心能力、建设路径三个部分。其中，第一部分均是梳理该章所关注核心能力的基本理论；第二部分则是围绕该方面能力进行实例解析；第三部分意在扼要道出该方面能力建设的视角、方法、路径等。同时，还需指出的是，本书第一至三章在论述慈善组织的能力建设时，采用的是纵向梳理手法，故以初创期、成长期、成熟期与转折期四个阶段作为划分；当然在理论上各阶段的特征都较为明显，分界也相对清晰，但在现实中组织生命周期的各个阶段虽然齐全，却也难免交叉显现，时空重叠，浑然一体。因此，我们在举例时，尽可能用心去找寻层层演进的典型案例，在叙述和评析时也尽可能使每一阶段特征都能够凸显出来，即使如此，不到之处，还请读者谅解。我们在第四章讨论慈善组织与外部合作时，采用的则是横向切面手法，因为与外部的各种关系在组织生命的各个时期均十分重要，需要自始至终全面发展、全方位经营，而不能顾此失彼或厚此薄彼，所以，我们围绕慈善组织与政府、企业、公众、媒体及相关同业机构等利益相关者的双向关系网络而一一进行探讨。

结语部分则特别说明，以这一思路编著一部系统、完整探讨慈善组织能力建设的著作，尤其要具有适用性和可操作性的内容，需积极梳理慈善事业的新发展，拓展视野、深入挖掘、整合论述、另辟蹊径。因此，在本书的最后，我们将探讨一些结合中国现实、慈善现状、功能定位而进行的理论研究，并得出如同德鲁克在面对“卓有成效（的管理者）可以学会吗”这个问题时一样的回答，我们肯定慈善组织能力经过训练是可以提高的。

第一章　使命与持续发展能力

在现代社会，人们对使命一词并不陌生。而且一提及使命，一股神圣感就油然而生。这股神圣感来自于使命蕴含的光荣任务、重大责任和牺牲精神、奉献意识。虽然联系到组织、管理和未来时，人们常拿使命与愿景、理念、宗旨、理想、价值甚至目标、战略等语词互换使用。但它们的层次是有差别的，侧重也是较明显的。本章旨在探究使命之于慈善组织的首要而不仅是必要性，以及它对于慈善组织持续发展的不可替代的地位和作用。

第一节　基本理论

一、使命的定义和结构

世所公认的管理学大师彼得·德鲁克多次谈到，任何一个组织机构都是为了某种特殊目的、使命和某种特殊的社会职能而存在的。最成功的非营利组织投入大量的精力去界定组织的使命，它们不会对良好的愿望泛泛而谈，而是注重组织目标，从而使组织成员——既包括正式员工也包括志愿者——能够明确自己的工作方向和任务。[①] 再版十多次、译成 16 种文字的管理学经典《管理学——全球化视角》[②]，将使命归之于计划部分，并把组织的基本目的或作用或任务，称之为使命，进而指出：只要是有意义的组织活动，就应该有使命。另一本言称“精练但不简单”的管理学教材《管理学原理》[③]，将使命描述为作为社会产品或服务的提供者而生存的“理由”，同时强调：最好的组织都有着清晰引人注目的使命。由此看来，应该有使命且应该有清晰的使命，是任何组织都需首先考虑、认真面对的。

那么，包括慈善组织在内的组织的“使命”是什么？这个问题可以从组织存在的理由和其行为的指向两个层面来回答。首先，作为组织存在理由的使命，是指向组织外部的；环境需要和满足环境要求这一互动，是其存在的理由；由此而来的角色和责任，成为使命描述的根本性质和内在规定。通俗地讲，使命关乎组织在社会系统中的自我定位，是有关“我是谁”和“我们为什么存在”的定性和定名。另一方面，作为组织行为指向的使命，是指引组织前进的；它廓清组织的行为领域，厘定组织的路线、纲领，为组织目标的确立、任务的明晰与战略的制定提供依据。也就是说，使命还关乎希冀成就一番事业的行动原则，是有关“组织去向”和“怎么迈进和靠近”的定向和定型。

知道了什么是使命，仅是展开论述的第一步；对使命进行准确的表述、生动的描述更为关键。一个好的使命陈述的结构具备哪些特征？我们举例分析：成立于 1989 年 3 月的中国青少年发展基金会是一家全国

① ［美］彼得·德鲁克：《德鲁克管理思想精要》，李维安译，机械工业出版社 2008 年版，第 13、37 页。

② ［美］海因茨·韦里克、哈罗德·孔茨：《管理学——全球化视角》（第 11 版），马春光译，经济科学出版社 2004 年版，第 76 页。

③ ［美］小约翰·谢默霍恩：《管理学原理》，甘亚平译，人民邮电出版社 2005 年版，第 81 页。

性公募基金会，其使命表述为通过资助服务、利益表达和社会倡导，帮助青少年提高能力，改善青少年成长环境。其于1989年启动的希望工程，让人们明确知道其目标群体为青少年，重点领域为教育支持，相当凝练、精辟、贴心、动人，在对教育重视程度之高的当代中国，其品牌效应无可比拟。时至今日，其发起实施的希望工程仍是我国社会参与最广泛、最具规模和最富影响的民间公益事业。南都公益基金会成立于2007年5月，是一家经民政部批准成立的全国性非公募基金会，其第一次理事会表决通过基金会使命发展战略，明确基金会的使命是支持民间公益。简简单单6个字却把南都公益基金会关注转型期社会问题，资助优秀公益项目，推动民间组织社会创新，促进社会平等和谐的目标任务，概括得明明白白。也就是说，南都公益基金会定位为资助型组织，在公益产业的链条当中它居于资金供应者的位置。再举一个我们身边企业的例子：成立于1962年的沃尔玛公司，是美国最大的私人雇主和世界上最大的连锁零售商，也同样深谙使命描述的重要性。其使命描述为帮助顾客省钱，让他们生活得更美好，其所有的大型连锁超市都采取低价经营策略，提出“天天平价”、“家庭一次购物”的口号，让沃尔玛着实与众不同。其创始人沃尔顿曾说过：“我们重视每一分钱的价值，因为我们服务的宗旨之一就是帮每一名进店购物的顾客省钱。每当我们省下一块钱，就赢得了顾客的一份信任。”为此，他要求每位采购人员在采购货品时态度要坚决。他告诫说：“你们不是在为商店讨价还价，而是在为顾客讨价还价，我们应该为顾客争取到最好的价钱。”也因此，它的想尽一切办法从进货渠道、分销方式以及营销费用、行政开支等各方面节省资金并努力实现价格比其他商号更便宜的行为，让其多次荣登《财富》杂志世界500强榜首及当选最具价值品牌。

指向明确、措辞简单、紧扣本质、高度凝练、形象清晰、语词生动，是上述这些使命表述的共同特征，无论是非营利组织还是企业机构。德鲁克从正反两个方面强调了使命表述的重要性：使命陈述必须是切实可行的，否则就只是良好的愿望而已；把使命陈述弄成一锅良好愿望的大杂烩是最普遍的错误，相反地，它必须简洁明了；而且，首先需要确定所做的事情是否正确，然后再精益求精；从某种意义上讲，使命还是有感情色彩的。成功的使命需要具备三要素：机会、竞争力和奉献精神。也就是要知道组织所面临的机会和需求是什么，这些机会和需求是否与组织自身的优势相匹配，组织的成员是否确信这些原则并乐意为此作出奉献。任何使命陈述必须全面地反映这三要素，否则就无法达成最终的目标、最终的愿望以及通过最后的检验，也就无法调动组织的人力资源来做好正确的事情。[①] 这是着眼于组织自身的思考，将使命陈述延展到组织外——社会中，更是它的功能重点和目的所在。

二、关于使命的功能

一如美国印第安纳大学筹资学院的创始人 Henry Rosso 提出：使命的寻求需要走出“仅仅想到项目和技巧”的框架，比如“我们的使命是为贫穷孩子提供医疗服务”等这样的使命陈述是不适合的，使命不是关于机构和项目本身，而是关于社会。机构的项目和策略是围绕达到某种使命而展开的。慈善组织的使命应该是在发现社会问题的基础之上，利用创新的道德想象对问题进行回应，使命的背后彰显的是价值。由于使命并不总是显而易见，发现使命需要发挥道德想象，提出让世界更加美好的可能。所以好的使命陈述应该是对公众的再认识和再教育的过程。成功的慈善组织的秘诀就在于让捐赠者忠于并奉献于使命（某

① ［美］彼得·德鲁克：《非营利组织的管理》，吴振阳等译，机械工业出版社 2007 年版，第 4 ~7 页。

种价值），而不是机构本身。[1] 实质上，无论是营利组织还是企业机构，以及本就因社会矛盾及需求而生的政府，无不受到使命的影响。严重些讲，使命更是足以影响一个组织的成败。彼得·德鲁克基金会主席、著名领导力大师弗兰西斯女士认为：一个强有力的组织必须要靠使命驱动。因为组织的使命已不仅限于回答它的基本任务，更重要的是确定该组织从生到死都要秉持的理念，设定该组织长久为之奋斗的目标，这才是终极意义上的。特别对于慈善组织，人们不免发出一些疑问。如（在或者为非营利组织工作的）这些不领薪酬的人们到底想要什么呢，是什么让他们坚持在这里工作呢？德鲁克指出，恰恰是因为他们不要报酬，所以他们才必须从成就中获得更大的满足感，他们首要的也是最重要的需求是，要靠一个明确的使命来推动工作，并且可以骄傲地说，我在这里工作知道我们是为了什么而工作。[2]

概括而言，（慈善组织）使命的功能可以从五个方面进行思考：（1）使命可以广泛吸引和动员社会资源，凝结社会各方面力量的共同愿想和希望；（2）使命可以强化信念激励人心，它使人们实现自我价值于社会价值当中，并从中获得极大的满足感；（3）使命能够通过明确方向而廓清职责领域、界定核心业务、舍弃庞杂负担，从而专注于自己的优势；（4）使命能够连接组织的现在和未来，进而管理组织的未来，使得组织在社会变迁中从容不迫、与时俱进、永续发展；（5）使命能够统筹协调组织内外，最大限度地营造一种展示终极关怀的氛围和环境，保持组织战略目的和系列行动的统一性、连续性和稳定性。

如今，使命之于慈善组织的首要性，已逐渐为业内人士所重视。如

---

① 何莉君：《慈善为何——读〈理解慈善——意义及其使命〉》，载《开放时代》2009 年第 4 期。

② ［美］彼得·德鲁克：《德鲁克管理思想精要》，李维安译，机械工业出版社 2008 年版，第 41 ~43 页。

2009年9月台州市慈善总会委托上海映绿公益事业发展中心举办了一个慈善组织能力建设培训班，其中就有关于公益组织使命与价值的讲述。2010年11月北京光华慈善基金会与中民慈善捐助信息中心合作，更是为宁夏122名民政系统、慈善行会、社会福利机构和其他慈善组织的人员进行了“非营利组织的管理核心——使命与战略”专场培训。彼得·德鲁克在管理哲学层面强调了非营利组织的神圣使命：“非营利组织在过去的40年中在美国取得了举世瞩目的成绩。从很多角度来看，它就是一个成长型的行业……所有的非营利组织都有着一个共同的使命，那就是要满足人类对于实现自我价值、实现理想和价值观的渴望。”①

三、使命缺失的后果

在中国首个以公益事业为主题的国际论坛——跨国公司与公益事业高级论坛上，中国国际民间组织合作促进会副理事长黄浩明用五个“缺乏”来概括中国公益组织目前面临的挑战：缺乏明确的远景和宗旨陈述，缺乏市场意识，缺乏诚信透明，缺乏全面的资源管理系统，缺乏应有的激励机制。其中，排在首位的就是明确的远景和宗旨陈述的缺乏，在管理学范畴，也就是使命缺失。根据现实情况以及程度不同，使命缺失主要有三类：一是根本就没有制定使命，更遑论使命陈述了。这就好比，不知道也不想明白我这个慈善组织是为什么而成立的，或人云亦云属于跟风成立，或动机不纯属于借壳偷生。二是使命表述宽窄失当、词句模糊、结构不科学。这要么是非专业的表现，要么属于真不知己知彼，这个后果也很严重，因为“使命的不清不明导致内部人力、

① ［美］彼得·德鲁克管理学院编著：《德鲁克实践在中国》，机械工业出版社2009年版，第211页。

物力、财力的混乱，导致公众信誉度滑落、工作效率低下和工作项目游离”。[①] 三是使命陈述有且合理，但组织内员工特别是领导层不重视使命，没有转化为自觉行动，那使命便只是墙上的一张纸，实际上跟没有使命别无两样。因为“最终的检验标准不是辞藻华丽的使命陈述，而是正确恰当的行动”。[②] 在这一点上，考验的是组织领导由此而担当的责任感和使命感，而领导之于团队的示范和带动能力显得尤为重要和迫切。

第二节　阶段特征与重点

一、初创期与战略规划

初创期是指中小型慈善组织从创立到基本能够实现维持性运转的发展阶段。这一时期，慈善组织或者没有使命描述、缺少愿景勾勒、随意订立目标，或者发展路径未经设计、成长步骤没有规划，战略重点东一榔头西一棒子，在短期内找不准自我定位，导致本就较少的资源占有却是特别地配置低效，长此以往，难以为继。有的组织仅用几个月时间就可以度过初创期，有些组织需要经历一年甚至数年的努力挣扎，还有部分组织更因无法跨越初创期而走向死亡。这一时期，组织尚处于“哺乳期”，在使命战略、组织架构、制度规范、项目开发、公共关系等方面都很娇嫩，依靠原初资源、依赖组织领导，亦无可厚非。组织需要自

① 何莉君：《慈善为何——读〈理解慈善——意义及其使命〉》，载《开放时代》2009 年第 4 期。

② ［美］彼得·德鲁克：《非营利组织的管理》，吴振阳等译，机械工业出版社 2007 年版，第 3 页。

觉、主动、积极地加强能力建设，尽早“断奶”、增强组织的独立性和自主性，为组织的完全成长、持续发展奠定基础。这其中，在初步完成使命建构的基础上，如何进一步具象使命，由使命陈述转至使命实施，这一过程可以化约为战略管理过程。

讲到战略，我们通常会梳理组织资源与外部环境、未来目标与当下行动两对关系，在此基础上寻找时空定位，确定迈向、追近使命的方向。彼得·德鲁克认为这一战略过程中应当有五个问题需要考虑：（1）我们的企业使命是什么？（2）谁是我们的顾客？（3）我们的顾客考虑的价值是什么？（4）我们预期的结果是什么？（5）我们的计划是什么？这些提问看似简单，其实质是确定组织在业内的合适位置，进而理出组织前进的合适路线，然后坚持这个思路这个选择，坚定地响应使命的召唤。美国知名商务顾问加里·胡佛认为一个成功愿景应同时具备清晰、持久、独特、服务四个特点，笔者尤其赞赏其中关于持久这一特点的论述①，它不仅契合了使命所能发挥的最给力作用，而且告知人们为什么会这么给力：你对自己的愿景充满了信心，而这份信心源自于你对下面这些关键因素的了解——你知道自己擅长什么，知道哪些因素对你是重要的、知道该如何去经营企业，然后你不畏艰难地坚持着自己的愿景，不管是在繁荣时期，还是在萧条时期，不管是在顺利的时候，还是在困难的时候。

中民慈善捐助信息中心 NGO 研究官员杨浩结合自身工作经验，指出慈善组织在创业初期（主要指草根慈善组织以及刚刚注册发展的慈善组织）就应当高度重视战略规划问题。② 原因在于每个创业者在创始之初都有一个远大的目标，才促使他成立该组织。但是很多创业者只注

---

① ［美］加里·胡佛：《愿景》，薛源等译，中信出版社 2008 年版，第 165 页。

② 杨浩：《简谈慈善组织创业初期的战略规划和人才战略》（http://bbs.gesanghua.org/dispbbs.asp?boardid = 13&Id = 86412&page = 18）。

重眼前的事情，在经历注册、招聘、项目运营等一大堆事情之后，往往忽视了规划；又因为不断地找项目、拉资金、搞好政府关系等，往往忽略了“最初的梦想”。而因为没有战略规划，到后来忙活了数年，数年内虽然做了很多事情，但是对于组织和组织人员来说，没有带来更多的效益，结果离目标还很远，从而让股东（董事）失望。因此说，貌似不重要的战略规划问题，对于创业初期的慈善组织非常重要。

战略或规划都是较宏观的概念。“战略是一个全面的行动计划，该计划旨在确定长期发展方向、指导资源利用以实现组织具有持续竞争优势的使命和目标。这是根据一贯的战略意图利用资源的计划，即将组织的精力集中于统一的必须完成的目标上。”[①] 若要指导行动，还需要进一步设计战略层次。组织战略在理论上一般分为组织总体战略、业务层面战略和职能战略三个层次，然后组合起来建立持续的竞争优势，实现组织使命和任务目标。第一层次组织总体战略主要是廓清领域、明确范围，也就是回答我们要干什么；第二层次业务层面战略实质等于政策和策略，回答的是怎么干才能达成目标；第三层次的职能战略更多是大计划的内涵，解决的是管理的问题，以最大限度地科学高效利用组织资源为基本要求。比如，成立慈善组织的初始念头都是想做些善事、好事，只问耕耘，不求回报。但愿望不等于行动，还需对愿望进行抽象和具象，对愿望的抽象可以称为使命，对愿望的具象可以称为战略，也就是既要能升上去也必须要落下来才有意义。接下来是选择慈善领域，如关注的是教育、医疗、体育、文化、扶贫、济困、救灾、助残乃至对环保、科技、安居、助老的支持等，当需选定一个或几个领域，从而让组织内外、上下都专注于该业务范围，同时舍弃或淡出其他领域，而不应无限地多元化。再次，就是应当考虑如何在选定领域站稳脚跟、打开局

① ［美］小约翰·谢默霍恩：《管理学原理》，甘亚平译，人民邮电出版社 2005 年版，第 80 页。

面、持续发展了。比如，大多数慈善组织集中于教育事业和弱势群体扶助等传统公益，尽管目前中国这方面的“市场”足够大，作为组织来说，终究要面临错位发展还是同位竞争的路线选择，从而才能拟定相应的策略。如与“希望工程”发起于同一年、都是救助失学儿童的“春蕾计划”，就采用了不同的业务战略，把救助聚焦于贫困地区失学女童，帮助她们重返校园。当各层次战略既定之后，组织就应当是竭尽全力捕捉机会、挖掘潜力、整合资源，充分发挥组织功效和领导艺术，向管理要绩效了。

二、成长期与外部需求

成长期是组织生命周期的第二个时期，是组织在经历了艰难的创业期后各方面走上正轨、常规化的发展阶段。这一时期，慈善组织的使命宗旨逐步明确，发展目标逐渐清晰，机构人员组成、资金来源构成等基础资源渐趋完备，开始注重战略、策略功效，根据需求有组织、有计划、积极主动地去规划环境、创造机会。作为组织成长最快的阶段，慈善组织开始规范运作，市场开拓能力也迅速加强，业务规模不断扩大，组织名声和个别项目品牌已为世人所知晓。一般地，当组织逐步趋于稳定时，追求做大做强特别是要成为业内翘楚就变成理所当然的中心任务了。当然，从组织实际出发，根据自己的优势、特点、行业的变化和趋势、外界的需求和反应，抓住机遇，选择适合自身的发展战略，则将使组织的职责内涵更加清晰，核心业务更加明确，组织管理更有章法；同时，组织文化和制度结构更能适应下一步发展的需要。但如果仍是坚持学步期（go-go stage）的机会优先、被动的销售导向、缺乏重点和连续性，就难以完成组织向下一阶段的跨越，而这正是一个关键的转折点。特别是在目标的转换上，应从“更多即更好”变为“更好即更多”，也就是说要由以量取胜变为以质取胜，要从苦干转变到巧干。让在业务上急速迈进的步伐慢下来，才能有精力实现机构的组织化。[①] 组织化的机构不再只是对多元化的各种机会做出反应，而是开始着眼外部需求，根据需要规划环境，驾驭机会而不是被机会驱使。组织在起步和成长阶段，面对行业的激烈竞争，及时调整发展战略，避免出现盲目的业务扩张，甚至掉入盲目多元化的陷阱，以及更要命的组织内部战略分歧严重、机构分崩离析、人员纷纷出走或消极怠工的困境。成长期，廓清、摸透、掐准外部需求，才有可能确定核心竞争优势、强化持续发展能力。

2003 年 7 月由专业媒体人士在北京发起、正式注册成立的北京红丹丹教育文化交流中心，是专门致力于视障人媒体制作和无障碍信息服务的民间非营利性机构，长期专注于视障者文化创意和无障碍信息服务领域。其愿景为残健同行，共享生命；使命是提供视觉服务，与盲人朋友一同看世界；目标是建立高质量的适合视障者群体的文化服务体系。在机构愿景与使命的感召下，该中心开创了中国第一个盲人参与制作的广播节目《心目看世界》和中国首个为盲人讲电影的《心目影院》。自《心目影院》诞生以来，红丹丹的倡导活动一直受到国内外媒体的关注，并吸引了多方媒体的直接参与。目前所开展的“视觉服务”与“为盲人读一本好书”的项目最符合视障人士的需求与社会大环境的发展趋势。红丹丹自成立以来，为了推动助盲事业的发展举办了许多独一无二的项目和倡导活动。例如，培训盲生做广播主持人参与广播栏目制作、开办盲人电影院和为盲人讲电影的广播栏目《心目影院》、盲人运动会、盲人骑自行车、模型触摸展、卢浮宫艺术品触摸展、触摸飞船与航天器、组织盲人合唱团、盲人话剧演出、盲生广播夏令营等。这些项目在中国从未有人做过。其创意之独特，堪称慈善组织契合外部需求而

① ［美］伊查克·爱迪思：《企业生命周期》，赵睿等译，中国社会科学出版社 1997 年版，有关学步期与青春期特征的论述，第 41 ~61 页。

稳健成长的典范。

可以说，正因为红丹丹感受到了视障人士的真切需求（需要讲述服务更需要亲情氛围），并时时在关注这些目标群体的需求变化，才有了组织本身所要追求的结果，也才真正改变了生活。本质上，组织的使命就担负着提醒大家向外看的作用，不仅是寻找“客户”，还要获得成功的方法，以及防止人们满足于“我们的事业是一种善事”，因而用良好的出发点代替了具体的成果①；同时，也能起到一种被误解的释义作用，避免出现全身心投入奉献一片爱心，却仍被受助者误解、社会舆论怀疑的局面。

红丹丹中心主任郑晓洁女士就曾结合其品牌项目《心目影院》的诞生和成长，从组织使命角度的思考印证了由内而外提供服务、满足外部需求的重要性和必要性。② 项目运营初期，曾因部分盲生疑惑“这么好的事儿，红丹丹为什么不收我们的钱”而发生事件，由此红丹丹还重新审视制定了机构使命：“帮助残障人从接受者成为社会活动的参与者”。2007 年因“为盲人讲电影”而笃定了助盲领域的特长项目，而放弃初创时期的“视障青年广播节目采编播培训”，将使命调整为：通过视觉讲述和参与式方式，用影视欣赏、艺术实践和快乐健身活动提高视障人士的生活质量。2008 年奥运过后，在坚持使命至上的原则下，中心使命最终确定为：“为所有的视障人士提供视觉信息支援及融合性文化服务”，更加明确了红丹丹的发展方向。《心目影院》（为盲人讲电影）至今已现场讲述电影 300 多场，把电影讲述录制成广播节目 200 多期。越来越多的人加入到《心目影院》的讲电影队伍中，有公司职员、

---

① ［美］彼得·德鲁克：《德鲁克管理思想精要》，李维安译，机械工业出版社 2008 年版，第 37 ~ 38 页。

② 郑晓洁：《从使命至上看“心目影院”的诞生与可持续发展》，载《德鲁克实践在中国》，机械工业出版社 2009 年版，第 241 ~ 248 页。

律师、大学生，也有社会公众人物。他们中年龄最大的 65 岁，最小的只有 8 岁。项目还得到了拜尔中国、微软中国等公司的资金支持，也引起包括中央电视台在内的媒体关注。截至 2010 年，红丹丹共为近 13000 人次视障人提供服务，组织 11000 多人次志愿者参与助盲，并为之提供助盲培训，注册的志愿者多达 700 人。

由此可见，慈善组织需要市场知识，需要严肃认真地满足客户需求，这不是说我们知道什么东西适合他们，而是知道什么是他们认为有价值的东西以及如何把这些东西送到客户手中。不只是提供服务，它希望其终端服务对象不要成为消极的受惠者，而是成为积极的行动者。[①] 简言之，组织的成效在于外部，而不是内部。满足外部需求是组织获得生存、产生绩效的前提，是组织持续发展、更好发展的关键。

三、成熟期与持续发展

一旦组织完成了使命陈述、战略制定、场域选择，特别是管理的专业化，就表明慈善组织已经进入了成熟期。全面掌握、高效利用组织资源，坚定立足、充分开发优势领域，坚持兑现、无限迫近使命愿景，注意管理、适度控制未来预期，成为成熟期现代慈善组织的基本标志。伊查克·爱迪思称其为盛年期（prime stage），认为在这一点上组织的自控力和灵活性达到了平衡，是组织生命曲线中最为理想的点。而且它们很清楚自己在做什么，在向什么方向发展、如何发展。盛年期的组织具有学步期组织的远见和进取精神，同时又具备在青春期阶段所获得的对实施过程的控制力与预见力。[②] 但这并不意味着组织从此可以高枕无忧了，

① ［美］彼得·德鲁克管理学院编著：《德鲁克实践在中国》，机械工业出版社 2009 年版，第 210 页。

② ［美］伊查克·爱迪思：《企业生命周期》，赵睿等译，中国社会科学出版社 1997 年版，第 65 页。

这时慈善组织原先开发的项目产品已经比较成熟，服务场域和目标群体相对稳固，也就是到了一个相对平和的状态维持时期。可以说，慈善组织的领导和员工，受助群体或参与主体，特别是包括组织的初创者和外界的支持者，看到了创业意图、组织使命、愿景目标从孕育到落地的这一过程，志在必得；见证了组织成长历程到逐步实现构想，志得意满。然而，进入成熟期并非一个终点，从事慈善没有终点。就如同没有终点的散步者，而不像短跑的冲刺乃至马拉松的终点。因此，成熟的慈善组织重在持续维持组织成长的发展势头和稳定状态，可体会足够的成就感，但一定要杜绝自满的情绪生根蔓延。持续成长而不再是追求曾经达到的高增长率，细嚼慢咽而不是一如既往地贪多求大，才可能继续汲取养分、继续生产转换、继续满足需求，从而尽可能长地延长组织自身的生命周期。

既然最长限度地停留在组织的盛年期是大家都很期待的事情，那就需要一种能够使组织持续发展的能力。这种持续的力量，日本早稻田大学商学院教授远藤功称其为持续力（也称为黏着力）。他这样描述这种支撑主要能力的根源的组织能力："'一般的企业'也可能在建立了合理的竞争战略之后实施下去，但是，真正决定胜负的关键就在'出了一次结果'之后，能否在取得成果之后保持平常心，继续努力，使自己不断进步——这是判断是否'真正有实力'的一个标准。能建立合理的竞争战略并执行下去，这还只能算是'一般的企业'。是否能获得真正的竞争力、跻身于'一流企业'的行列，关键因素就是是否具备持续力、黏着力。"① 在取得成果之后保持平常心，这对任何组织特别是对于非营利的慈善组织，它既没有直接的利益驱动，也缺少较明确的绩效约束，能够一如既往地坚持下去真的是难能可贵的。远藤功开出的

① ［日］远藤功：《持续力——企业永续经营的八大关键》，林琳译，中信出版社 2007 年版。

药方就是一定要有坚持下去的意志和决心，以“有意识的持续”促成“无意识的行动”，不断地在业务和提供方面做出改良和改善获得，也叫做“改善的持续”（又称进化，才是持续的本质）。他进一步梳理了强化组织持续力的8个要点：表明经营层将目光放长远的决心；即使人变，基本的核心不能变；切忌贪多，学会选择；经营层与现场拧成一股绳；不在组织中树立偶像；奖励过程；贯彻“面的教育”；安插“巡逻队”。[①] 这也从正面给我们说明了干什么都不长久的组织是“因为没有持续力，所以坚持不下去”。

在中国慈善事业方兴未艾的今天，能力支持型机构也历经磨砺日趋成熟。一如2006年1月在上海成立的NPI公益组织发展中心（Non-Profit Incubator），它从创立伊始，就以“助力社会创新，培育公益人才”为己任，旨在为初创期和中小型民间公益组织提供切实的支持，积极探索在中国公益事业蓬勃发展的初级阶段，NPO支持型组织的发展道路。2006年，NPI首创“公益孵化器”概念，并在上海浦东率先运作，至今在全国每年将孵化20~30个的民间公益组织；孵化器应用“社会力量兴办、政府政策支持、专业团队管理、社会公众监督、公益组织受益”的模式培育和扶持初创期民间公益组织发展，特别是提供关键性的支持，包括办公场地、办公设备、能力建设、小额补贴、注册协助等。为被孵化机构提供专业的指导，让优秀的项目赢得时间和机会去成长，探索自己独立发展的道路。这一带有全国示范性的创新模式已经获取了来自于政府、资助机构、NPO业界、媒体和各方专家的关注和肯定。2008年，上海慈善大会将“公益组织孵化器”项目评选为“最佳项目创新奖”。国家民政部对这一模式给予了高度评价，多次强

① ［日］远藤功：《持续力——企业永续经营的八大关键》，林琳译，中信出版社2007年版，第116~125页。

调要在上海乃至全国更大范围内对孵化器模式进行推广。NPI 在中国最先实践的“公益创投”（Venture Philanthropy）公益投入方式也引起各界的广泛认同，并先后与企业、政府合作开展了若干公益创投项目。截至 2010 年初，由 NPI 发起的恩派公益组织发展中心已在上海、北京、成都、深圳成功落地，并负责在当地拓展公益孵化器、公益创投、NPO 能力建设等项业务。目前，四地孵化器共孵化了 21 家公益组织，正在孵化的有 19 家。其中包括上海新途社区健康促进社、多背一公斤、雷励青年发展计划等优秀的民间公益机构。公益组织孵化器专注于帮助那些怀揣公益创业梦想的人，让民间创新的公益方案得以实现，并最终建立起规范的公益机构。①

虽然现在看来 NPI 公益组织发展中心在短短的几年内已经运转规范、绩效非凡，但其作为一家新生的专业 NPO 支持型组织，一路走来的历程也颇有一些跌宕起伏。尽管 NPI 初创时期使命相当明确，但因其对当时当地慈善发展基础和组织运作环境实际情况的不了解，而举步维艰；当公益孵化器项目构想初现，又面临外界特别是很多政府官员对民间组织再孵化更多民间公益机构的疑惑。但 NPI 创始人吕朝凭借其对使命的坚持、战略的调整、环境的适应、机遇的把握和对目标的管理坚持了下来，不仅得以度过艰难的创业期，还以承接政府购买民间组织服务专项研究项目为抓手，一举树立了 NPI 的专业形象，随后获得快速发展，直到现在仍在持续高速成长着，“享受”顽强的“持续力”带来的硕果，伫立于只要坚持下去就永远没有终点的成熟期。特别是 NPI 对新加入到公益领域的新观念、新机构、新资源和新人才的特别关注、坚定支持，强力印证了持续地把“经营层将目光放长远的决心”放在 8 个

① 吕朝：《公益组织孵化器、公益创投、公益广交会——公益支持性体系的新探索》，载杨团主编：《中国慈善发展报告》（2010），社会科学文献出版社 2010 年版；NPO 信息咨询中心：《中国非营利组织管理案例集（2009）》（http://doc.mbalib.com/view/b65ed0f970d094e0d92d8092d592fd52.html）。

要点首位的原则和启示。NPI 与那些对社会问题和社会需求有着敏锐把握、设计出创新性解决方案，并有恒心和能力使之逐步实施的优秀人才同行，使整个组织始终保持创造力、保有创造精神，而这正是造就盛年期组织的因素，更是作为 NPO 支持型组织使命的核心基因。而基因不仅框定了产品结构，还影响着核心功能，从而在一定程度上决定了组织的成长速度和生命周期。

四、转型期与环境变化

这里提及的转型期，不是作为大背景出现的一般意义上的社会转型；是专指因组织外部环境的变化而引起的组织转型——且倾向于从组织主动转型适应环境变化这个角度和层面来解读和理解。就转型的具体原因来讲，可因需求变化而更新使命，因技术革新而再造流程，因身份变迁而重订战略，因体制转变而发生权变，总之是组织的内部或外部环境发生了变化，而促使组织转型。不积极主动地去改善、改良、改革、改变，各种令人沮丧的局面就会接踵而来，不仅付出的努力和取得的成果可能付之东流，还可能摧毁整个组织，组织的使命也将就此终结，更别奢谈持续发展、基业长青了。这并非危言耸听，在社会变化如此之快的 21 世纪，一夜之间可能把你抛到风口浪尖，转瞬之间可能已到深渊边缘。要避免旦不保夕，就必须只争朝夕。总而言之，组织的一切都要与新的环境要求保持一致，无穷的挑战孕育着无尽的机会，无尽的机会伴随着无穷的挑战。实现组织的成功转型继而重返成熟阶段——盛年期，是我们认真思考和果敢行动的落脚点。

既然转型已是不可避免，怎么转型较为稳妥呢？以稳定促进变革，是普华永道变革整合小组开出的药方。[①] 根据他们所做的调查，组织文

① ［美］普华永道变革整合小组：《管理悖论——高绩效公司的管理革新》，徐京悦等译，经济日报出版社 2002 年版，第三章“以稳定促进变革”，第 47 ~ 75 页。

化、清晰而又现实的战略、人员、核心竞争力、关系和团队组织等“踏脚石”是六种能促成积极与持久变革的基础性因素；并根据经验建议以这些因素为稳定的基础，作为信心、主动性和勇气的源泉，来推动组织所需要的真正深刻的变革。进而找到组织的优秀特质，发挥组织自身的强项，将多种长处凝聚为核心竞争力，从而让组织在变化中继续成长。

北京惠泽人咨询服务中心主任翟雁真切叙述了惠泽人从“想做好事”开始，到关注如何“把事情做好”，再到“做什么好事”，以惠泽人自愿——自知——自觉的使命追寻之路，理性管窥了惠泽人从一个关注社区心理的志愿服务型组织向以志愿服务能力建设为主的支持型民间组织的转型。[①] 1995 年第四届世界妇女大会在北京的召开让许多人知道了“NGO”（民间组织）并获得了行动的力量，促进了中国第一代 NGO 的创立和发展。正是在这一年，惠泽人发起人翟雁和时乐在北京红枫妇女热线从事心理咨询志愿服务时相识。而后国际组织在中国推动 NGO 能力建设活动，更多的 NGO 从业者认识了“能力建设（Capacity Building）”并开始反思 NGO 发展中的问题。伴随着中国第二代 NGO 崛起，2003 年初，已经积累了 8 年以上专业志愿服务从业经验的翟雁和时乐决定利用自己的心理咨询专业特长，创办一个从事社区心理服务的志愿者组织——惠泽人。其时制定的组织使命为“充分整合社会资源，满足当代社会需要，提高人民生活质量，促进建立和谐社会”。其后以参与抗击非典为际遇，通过招募并培训大批志愿者，开通为医护人员及其家属提供心理服务的“天使热线”，并进入社区开展公益讲座和心理辅导，开始了社区专业化志愿服务之旅并初战告捷。到 2004 年 5 月，

① NPO 信息咨询中心：《中国非营利组织管理案例集》（2009），载于 http://doc.mbalib.com/view/b65ed0f970d094e0d92d8092d592fd52.html。

惠泽人志愿者团队已扩张到200多人，逐渐成立了志愿者协会并试行社团民主化运行机制，组织使命更新为“用生命影响生命，携手共建公民社会”。但在开展大量志愿服务项目的同时，组织内部矛盾与冲突也随之频出。“组织战略研讨会”的召开并没能释解大家心中积淀的深深困惑。虽然之后做了包括社区矫正项目、专业丛书编辑、志愿项目开发、主办论坛、开展培训等更多的工作，但是志愿者们都投入在忙碌的工作中，使命缺失和志愿失灵仍在考验着惠泽人。

经过对组织发展历程、内外部环境、资源基本盘的分析与评估，惠泽人最终确定了清晰而又现实的使命、愿景和战略，使命是“通过志愿服务的能力建设、创新实践和宣传倡导，提高志愿者对公民社会发展的贡献”；愿景是实现一个“人人乐于志愿服务的公民社会”；三大战略目标是：提高民间组织志愿服务绩效、探索适合中国国情的志愿服务模式、改善中国志愿服务发展环境。接下来就是将概念转化为行动，实施组织变革。惠泽人正确而又准确地聚焦其核心竞争力，首先就是做“减法”，根据新使命定位砍掉了已比较稳定的、因社区心理而创建的专业志愿者团队和服务项目，从概念上完成战略转型。其次，以坚信、坚守和坚持使命为信心、勇气和主动性的源泉，在理事会组织的决策支持下，将工作重点转移到关注志愿者及其组织的能力建设；同时发展合作伙伴关系，发挥组织长项，开展组织建设，整合组织资源，通过培训、孵化、提供专业服务等，最大限度地加强、扩充志愿服务力量，从而在实践中逐步完善了更为清晰的使命描述：“致力于能力建设，让志愿者充满行动的力量，用志愿服务创新社会价值。”组织的核心价值观是“用生命影响生命”。后一举成为北京奥组委志愿者部的志愿者培训合作伙伴和志愿者管理顾问，为奥运会志愿服务注入民间志愿力量，成为惠泽人播种以来所结的骄傲硕果和以使命为中心的组织转型的最好证明。

惠泽人从一个服务组织转型到支持组织，从2名志愿者发起人到拥有200多名志愿者的志愿者组织，再到6名全职员工和60多名较稳定志愿者的专业民间组织；从最初自投资金、自发性开展志愿服务活动，到自觉地根据使命战略规划开展项目工作和专业能力建设。他们走过了与大多数NGO相似的组织发展之路。目前惠泽人继续走在组织迈向使命化的发展道路上，希冀“在全中国建立志愿服务中心联盟，为当地志愿者和社区架起信息和沟通的平台，为志愿者提供能力建设和社会心理支持，促进相关政策改善和资源共享，让每一个想志愿服务的人都有机会实践他/她的理想，让志愿精神传遍中国大地”。

第三节　能力提升的路径

一、厘清组织初始的禀赋

现今经济学的核心词汇之一禀赋（natural endowment）原是从医学借用的，原意是指先天赋予的品性、智力、体魄等整体因素。比拟来讲，可以讲自然人看其具备的基本体质，而对于作为法人的组织来讲，应当是看它所拥有的基础资源。而且，禀赋的着眼点是组织的内部条件，暂不考虑组织的外部环境。也就是需要先弄清楚自己是谁、是否健全、健康、有何能量、能力，然后才可以考虑自己是否有条件做。至于有条件做什么，还需进一步分析能量、资源的结构，依据相对份额的比例，由此圈定自己的念想范围。如果还想长长久久且保有足够尊严和体面的话，则需自我评判能力的大小，并确定自己的长短项、优缺点，以及个性是坚韧还是柔弱、是急功近利还是淡泊久远。

对于组织来讲，一个组织的基础资源应为其所拥有的可支配、控制的所有资产、人力资本、组织制度、组织身份及社会关系、信息知识和品牌影响等。按照上述设问依次分析一个组织的这些禀赋，整体解析组织的禀赋结构，一个组织的特性也将逐步显现，从中梳理进而界定组织所拥有的、难以模仿、举足轻重、不可替代的能力与特长，把组织的核心能力、竞争优势找准用好，就可以担纲使命了。如若有信心、有勇气且有能力的组织还可取长补短，有顾虑、决心小且本钱少的组织扬长避短则可，大可不必在力所不能及、力所不逮时仍自不量力、勉为其难，最终落得顾此失彼、心力交瘁、失却本我、损耗本力、得不偿失。

对于目前中国的慈善组织更是如此。对组织是公立还是民办机构、组织的基本金总量和后续资金流、现下的领导能力和员工素质、制度化水平和规范化程度、社会关系的广度和深度以及组织的信息力、知识力、品牌影响力等进行分析，重要无比。

二、确定组织发展的方位

如果说厘清组织的初始禀赋，回答了“我是谁”的问题，确定组织当前处境的方位，则是在思考“我在哪”的命题。从向内审视，有了自知之明，到环首四周，才算知己知彼。20 世纪 70 年代末的环境学派就主张将注意力转移到组织外部，重点研究组织外部环境这种综合力量对组织战略制定的影响。该学派甚至把环境视为组织战略形成过程中的中心角色，要求组织必须适应环境，领导负责洞察环境，强调拒绝适应环境的组织终将失败。确如他们所言，机会和挑战、际遇和威胁统统存在于外部环境当中。有没有你做的可能，以及可能性有多大；有没有你做的空间，进而空间有多宽；竞争对手有多强大，顾客需求有多强烈；制度规则有无弹性，产品服务是否给力；总体环境是否平稳，本业趋势大体如何，都是组织进行外部评价的着眼点和切入点。何况环境还是动态的而非静默不变的。不过，也必须看到，它带来新情况、新问题、新挑战的同时，也在孕育着机会，形成着际遇，不仅无须畏惧环境，更需深刻洞悉环境、尽力融入环境，从被动适应到主动改造、影响，使环境为我所用。

只要提及环境、处境，谈论定位问题也就变得自然而然。环境是无处不在的，而定位也无时不在。环境和定位是相互映衬的关系，二者互为前提。而且，“定位是一种逆向思维。它不是从你自己开始，而是从预期客户脑子里的观念开始。它不是问你自己怎么样，而是问你在预期客户心目中已有的位置”。① 这是美国营销大师阿尔·里斯和杰克·特劳特在其名噪一时的《定位》一书中回答“你处在什么位置上?”的精妙论述。他们还接着列出了其他五个问题，你想拥有什么样的位置？谁是你必须要超过的？你有足够的资金吗？你能坚持下去吗？你与你自己的地位相称吗？毫无疑问，这六个问题是帮助我们思考通向成功的必经步骤。组织如果要运转，项目如果要展开，就必须用定位思维重构观念，而不是想当然、差不多。特别对于现下中国方兴未艾的慈善行业，无论组织的性质为何、机构是大或小，唯有基于时、空，确定方、位，方能在大的环境中找出一个位置，站定脚跟，从容发展。一句话，组织分析，重要无比；环境分析，更需着力。

三、让使命发挥作用

我们接着“我是谁、我在哪”继续提问，按照一般逻辑应该轮到“干什么、往哪去”了。这一问，在前面关于使命的定义、结构和功能的思考时，已有过专门论述。但在论述的角度、出发点和落脚点上区别较大。前面多从理论层面解释概念、提炼特征、剖析结构、讲述意义，本处的着眼点则是在指导实践的实际操作层面，强调让使命发挥其之于

① ［美］阿尔·里斯、杰克·特劳特：《定位》，王恩冕等译，中国财政经济出版社 2002 年版，第 249 页。

组织应有的作用。比如，我们可以时时或适时对照使命，评估慈善组织的运转是否偏离了使命规定的时空方向，或者，我们据此来评判这一事业的发展，是否符合或较好地反映了使命的内涵。

首先，使命必须让人们感知。也许，人们——无论是组织内部的领导层抑或普通员工，还是社会的事业伙伴或者还未发生联系的其他公民——只是因为有你所确定的使命存在，而不时地将视角转到、停留在你这个组织身上，无论是仔细的审视，还是不经意的打量，甚或仅是漫不经心的一瞥。但可以确定的是，当组织成为或者想要成为外界/社会关注的对象时，如果它的使命没有发挥出应有的作用，就难以成为被外界/社会持续关注的对象。其次，要有一个适当的解释框架。若你这个组织的使命不再能反映组织的独特性、组织的特色和态度，不再能反映出人们所认为的最为重要的东西，也就难以让人们继续相信你这个组织可以生存下去的理由，当然也就无法“凌驾于那些市场的起伏、供求关系的变化、竞争者的退出和加入、季节的变化等因素之上”①，可能还将招致社会的不信任，组织也由此产生混乱、终至崩溃的命运。最后应当突出使命的理念指向。“首先应该明确使命，这是非常重要的。什么是应该被组织及其成员牢记的？使命通常超越当前的实践，但是能够指导并明确当前的实践。一旦我们模糊了使命，我们就会迷失方向，浪费资源。只有确定了使命，我们才能制定具体的目标。”② 让我们牢记彼得·德鲁克的忠告，切实让使命发挥作用吧！

四、形成可持续的路线

禀赋清楚，方位明确，使命既定，而后的关键就是怎么干、如何

① ［美］加里·胡佛：《愿景》，薛源等译，中信出版社2008年版，第157页。

② ［美］彼得·德鲁克：《非营利组织的管理》，吴振阳等译，机械工业出版社2007年版，第112页。

走。这就需打战略的牌了，而且还不止一个战略，应当是一系列战略安排，打组合拳；也不应当是短视化的战略，应当考虑前瞻、长远等元素，建构一条可持续的路线，形成战略集群，从而使得组织的竞争优势可长可久。迈克尔·波特，这位在26岁时就成为哈佛大学历史上最年轻的享有终身职位的教授，在谈到国家竞争优势的发展时，跳出传统的以资源禀赋为依托的比较优势理论，提出国家经济发展的四个阶段，即要素推动导向→投资推动导向→创新推动导向→财富推动导向。给我们提供了很好的新视野和比较妥当的借鉴参照，特别是有助于组织根据自己所拥有的资源、所处的阶段以及希望展现的图景，去选择成长战略、制定竞争战略、确定发展战略。

波特关于竞争优势的持续力的论述对于形成可持续的路线也颇具指导意义。他认为低层次或高层次特殊资源的优势、越多越好的竞争优势的种类与数量、一种持续的改善和自我提升，是竞争优势的持续力的三项重要条件，而就长期的角度来讲，永续的竞争优势有赖企业将其资源优势从层级的提升与扩张，转变为形态上的优势。[①] 这好比在慈善组织丛林中，你依托的是什么优势，是低层次的还是高层次的；你拥有多少种类与数量，有无拳头品牌，是否单一产品；你有无持续改善的意愿和自我提升的气度，处在激烈的市场竞争、挑剔的外部需求中，顾客选择你的理由。实际上，按照笔者的理解，形成路线并坚持下去，与连贯的品牌发展，以及统一整体观念的形成，是相辅相成的。立足场景，不负光景，欣赏风景，展现图景，终是我们对于中国整体慈善事业使命的“概念诉求”。

① ［美］迈克尔·波特：《国家竞争优势》，李明轩等译，华夏出版社2002年版，第47～48页。

第二章　组织与制度建设能力

细心的读者可能已经察觉，我们在上一章谈论非营利组织的使命与持续能力建设时，总是在组织的外部聚焦和打量，意图非常明显，就是要回答清楚组织为什么存在，从愿景、战略、可持续发展等基点给组织定位。本章则把视点从组织外部拉回到组织内部，深入考察和探讨慈善组织因应定位而进行的组织建构和制度安排，并将其作为一种内力来推动慈善组织的能力提升。

第一节　基本理论

一、组织的类型

除了在现实中人们经常泛称一个单位实体为组织外，在管理学教材中对组织的定义分为两种，一是从动态过程角度，一是从静态结构角度。动态角度，把组织定义为实现某一目标而安排人员和其他资源以共同努力的过程。[①] 它强调在设定了明确的使命、核心价值、目标和战略

---

① ［美］小约翰·谢默霍恩：《管理学原理》，甘亚平译，人民邮电出版社 2005 年版，第 111 ~ 112 页。

后，组织将任务进行分解以利于执行，在实施过程中决定谁做什么、谁管理谁、不同的人员和组织部分如何进行联系，并将结果进行综合以实现共同的目的。静态角度，把组织定义为一个正式的、刻意设计的角色或职位结构。[①] 在这个意义上，从组织结构设计的切面把组织视为：明确所需要的活动并加以分类；对那些为实现目标所需要的活动进行分组；每个小组安排有监督职权的管理人员来领导（授权）；为组织结构中的横向协调（按组织的同级或类似层级）和纵向协调（如公司的总部、分公司、部门）制定有关的规定。动态界定把选择适合既定环境要求的最佳组织形式看作挑战；而静态定义则给予了实际操作层面的应答。因此，笔者认为，从两个角度定义组织并不是观点的分歧，相反是概念的相互补充。本章就是将两者作为一个整体概念阐释，进而指导慈善组织的组织设计和制度建设过程。具体到中国慈善事业范畴内的组织，为重点突出且针对性强，我们遵循先予以分门别类，而后规范研究的思路，对慈善组织及其能力建设展开进一步分析。

我们通常首先基于组织属性进行分类：一是官办慈善机构，例如，中华慈善总会及各地方慈善协会，一般此类组织负责人由同级政府副职兼任或等同于一个政府部门使用。二是由政府部门直接成立的基金会，如中国宋庆龄基金会、中国扶贫基金会等，其运转多含有政府元素，这在目前占大多数。三是私立基金会，多半是大型企业或知名人士设立的，如香江社会救助基金会（2005 年成立的中国第一家非公募基金会）、福耀玻璃董事长曹德旺家族捐赠成立的河仁慈善基金会（A 股首家由上市公司股权设立的慈善基金会）、李连杰的壹基金等。四是企业社会责任部门以及公益营销，如中国移动通信公司（连续三年入选道

---

① ［美］海因茨·韦里克、哈罗德·孔茨：《管理学——全球化视角》（第 11 版），马春光译，经济科学出版社 2004 年版，第 146 页。

琼斯可持续发展指数，并仍是中国大陆唯一一家入选该指数的公司，于2009年设立中国移动慈善基金会）、戴尔公司（排名2011中国企业社会责任跨国公司榜单首位，在中国高度关注并支持贫困地区的青少年公益事业，并进行企业林认植等低碳绿色活动）、蒙牛集团（资助申奥、抗击非典、神舟五号专用奶、捐赠助学牛奶、成立老牛基金）等。五是所谓草根NGO、NPO组织，如自然之友（中国第一个民间环保团体）、北京丰台利智康复中心（为残障者提供专门化服务）等，这将是中国公民强化社会责任意识最直接的途径。六是爱心超市、老人之家等社区慈善组织以及社会福利院等带有福利、慈善色彩的社会企业等。

基金会在慈善机构中位居显要位置。根据2004年开始施行的《基金会管理条例》的规定，基金会分为面向公众募捐的基金会即公募基金会和不得面向公众募捐的基金会即非公募基金会；公募基金会按照募捐的地域范围，还有全国性和地方性之分。条例规定的公募与非公募分类并不同于美国关于公共筹款机构和私人基金会的分类，因为我国的非公募基金会不仅可以包含私人基金会，而且还可以容纳不公开向社会募捐，以动用社会关系募款和接受捐款的公共性质的基金会。[①] 相对于筹集善款、运作项目、项目评估等功能于一身的公募基金会，《中国慈善发展报告》（2010）在梳理慈善组织发展时，专门观察了支持型组织（为草根组织提供资源、能力和智力支持）的成长：非公募基金会的崛起和公募基金会的转型，促使基金会逐渐回归财团法人本色，做慈善组织中的资金支持型机构；以NPI为代表的公益孵化器则成为能力支持型机构的专业典范；还有日趋丰富的专业慈善信息网站作为信息支持型机构；新近成立的北京师范大学公益研究院为新的里程碑的智力支持型机

① 葛道顺、商玉生、杨团、马昕：《中国基金会发展解析》，社会科学文献出版社2009年版，第7页。

构；以及开始转型的传统服务型机构、非组织化的支持型活动或论坛等。[①] 有关支持型组织的分类将有助于扩大慈善组织转型的视野，为包括基金会在内的、已经迈进成长期的有关机构，提供未来发展定位的一种启发性思路。

二、制度的影响

组织有了使命、有了战略后，接下来就是慎重进行组织内部设计和制度安排。可以说，章程是慈善组织的第一个正式规范性制度文件。一般地，按照《基金会管理条例》的规定，章程不仅明确该机构的名称、属性、宗旨、原始基金数额和住所，在制度要件上还基本涵盖了业务范围、组织机构及负责人、财产的管理和使用、监督管理等内容，特别是对理事会组成及决策规则等要求非常明确。然而，这只是原则的规定、初步的安排。要使组织运转起来，还需讨论、草拟组织的内部设计，包括架构部门、明确职责、建立制度、确定流程，通过制度化把组织规范起来。因为，无论组织属性、大小，这都是新组建机构一开始必须考虑的。相信大家都知道制度的特性（指导做什么、明确不做什么，鼓励先进、鞭策后进，规定部门、岗位权责关系等）要比单纯领导的作用（角色、职位及风格的影响力），更能为人们的工作和活动提供可供遵循的依据，使人们更有效率地合作，这也是组织工作的目的。

概括而言，（慈善组织）制度的影响可以从四个方面进行思考：(1) 制度影响着组织目标的有效实现，因为其规定着各种资源和努力如何参与进来，以及各自间的关系和限度，要能及时有效地防止对组织目标的偏离。(2) 制度影响着组织资源的统筹调配，影响着达到目标

① 徐宇珊：《2009 年中国慈善组织发展报告》，载杨团主编：《中国慈善发展报告》(2010)，社会科学文献出版社 2010 年版，第 101～104 页。

的过程，因为其规定着对组织最倚重的财务资源、人力资源的合理有效使用，既要防止浪费和滥用资源，又要起到最大限度地产生效力和效率的作用。（3）制度影响着慈善组织的运行方式，因为非营利组织相对于企业而言，绩效和结果更为重要但也更难测量，所以更需有效管理和控制每一个环节，体现全面质量管理的要点，用系统驱动行为，以过程预期结果。（4）制度影响着组织内部素质和外部形象的统一，因为这两者是取得外部信任的基本点，同时它也将提供和培育组织精神的耐久力，从而给予信任一个稳定的预期。

如今，内部制度建设的重要性已经被越来越多的慈善组织所认识。如在当前的社会环境中，慈善组织尤其需要建立及时、全面的信息公开制度，规范、公开的财产/财务管理制度，从制度建设的角度自觉约束自己；再比如从重大活动事先论证、期中通报、事后评估报告等方面，大力加强慈善组织自身的建设，从而提升慈善机构公信力。需要指出的是，这些包括建立财务管理制度，善款使用的追踪、反馈机制和公示制度都是必要的，但其着眼点仍是对外部有个交代。其实，如何让决策更科学，让执行更有效，让组织井然有序，让氛围更有活力，让机制更为顺畅，让人员心情舒畅，让分工更为合理，让合作更有保证，对于慈善组织来说，这方面的制度建设同样是重要的。而且，这些对于吸引、留住、用好专业的工作人员，建构专业的团队、形成团队的合力，更为直接。

三、与企业运作的共通与不同

在这一点上，德鲁克的精彩论述已经让人振聋发聩。首先，我们先归纳与企业运作的共通点：（1）商业企业及非营利组织都是社会的重要器官。因此，他们要思考同样的问题，完成同样的任务。这些问题包括设定组织机构的特定目标和使命；确保工作富有生产力，并且使员工有所成就、产生效益；管理组织机构产生的社会影响和应承担的社会责任。（2）非营利组织认识到他们与企业一样需要管理，甚至比商业企业更需要管理。因此，他们从20多年前对管理的鄙视以及不用受铜臭影响和超脱于利润束缚而骄傲的自我感觉，转而向商业企业学习管理，并且恰恰因它们不受利润指标的约束，更需要以管理来强化组织和领导，来达成责任、绩效和成果。其次，我们来察看非营利组织带给商业界的启示，当然是它们的不同处了：（1）在组织战略和董事会有效性这两个方面，非营利组织正在做着那些美国商业界提及而没有做到的事情。非营利组织以环境、社区和未来“顾客”为出发点，并将精力集中于此；而商业企业则倾向于从企业内部开始，即以组织自身或利益回报为出发点，却总是将有限的资源分配给“有兴趣的”或者似乎“有利可图”的工作上，而不是集中用于少数能够产生成果的工作。此外，拥有一个行使职责的理事会，一个明确向理事会负责的CEO（理事会下设的委员会每年对其进行工作绩效考评），以及根据事先确定的绩效目标每年都要被评估的董事会，而这正是企业界可以从中学习的。（2）在至关重要的领域——对知识工作者的激励与如何提高其生产率——非营利组织是真正的先驱者，他们的实践和策略将值得商业界将来学习。让他们在工作中运用自身的知识充分发挥其能力，赋予其一定的职权和更多的发展机会，使其能够做出巨大的成就。给商业企业的启示是，要有明确的目标、周密的人员安排、持续的学习与培训、目标管理和自我控制，并根据相应的责任提出高标准要求，以及建立关于绩效和成果的责任制度。[①] 这就是二者的共通与不同。因此，需要理解营利与非营利组织之间的差异，在组织架构、制度安排以及能力建设上各得其所，不仅

---

① ［美］彼得·德鲁克：《德鲁克管理思想精要》，李维安译，机械工业出版社2008年版，第2~4章。

仅满足于与相对短视且注重自利的商业运作相比的那些长项，更重要的是能够注意到周边环境和社会需求的变化，使自己的制度动力更加强劲。

第二节　阶段特征与重点

一、初创期与组织设计

一般地，组织在初创期虽也设计了一定的组织架构（简单的部门划分、岗位设置等），并制定了一定的规章制度（基本的职责分工、工作流程等），但大多都不成熟，且随时处于变动之中。比如“三定”方案（定职能、定机构、定人员编制）不明确；在工作流程和分工协作方面秩序缺乏甚至是杂乱无章；制度不健全、不合理或仅停留在纸面上；组织的领导者自筹建以来一直起着关键作用；大批的陆续进入机构的员工不甚专业或根本就是外行；组织架构尚在与外界要求、内部实际运转的调适过程中；由此难以发挥组织应该保有的效用，更不用说建立着眼于连接外部的工作机制了。其实，说到慈善组织的制度建设，如人事管理、财务管理、会议、信息、档案等日常办公方面，款项筹措、项目设立、资金运作、评估、反馈等核心业务方面，媒体宣传、危机管理、公共关系、信息化建设等外围保障方面，以及其他诸如学习培训、激励机制、决策程序等，需要着手建立健全的制度规定，既包罗万象又千头万绪。这时候，组织的决策层和实际负责人也会意识到单纯凭自己的个人决策来管理、凭员工们个人的一腔热情、爱心和勇气来投入工作，是不现实的，需要认真思考、立即着手、持续加强组织制度建设的步伐和力度，避免员工们在工作职责和心态上出现混乱、组织陷入疲沓无序的局面，组织才能更加健康地发展。

上海徐汇区致康儿童康健园，是一所非营利性寄宿制脑瘫儿童康健院，其创办者吕舜玲女士曾经也是一位脑瘫患者，从1993年起就致力于脑瘫儿童康复事业，先后已有六七十名脑瘫儿童得到不同程度的康复。而就是这样一个爱心满满的慈善机构，也经历了从“非正式制度管理”到“正式制度管理 ”的涅槃。《中国非营利组织管理案例集》(2009）记述道：在创立初期的致康儿童康健园，创立者吕舜玲女士与员工们凭着一腔热情、爱心和勇气，坚定地服务于他人的理想，以及强烈地为脑瘫儿童提供“家”的愿望，形成了一个有“家长”的温馨大家庭。但是，由于忽视了组织的正式制度建设，整个组织完全处在非正式制度之下运行。组织内没有清晰的组织结构，致使责任分工不明确；没有正式的员工准入制度，员工大多是通过熟人介绍，出入自由；没有奖惩、培训等制度，赏罚不明，技术人员严重缺乏。一年后发生的主管擅自离岗事件真正暴露了其组织内部这一严重的制度缺陷。正式制度真空化导致了人员涣散，组织结构松散，运行处于瘫痪状态。而后，经过吕舜玲姐妹的深刻反思和大胆尝试，形成了“理念—结构—制度”这样三位一体的组织内部管理模式、制定了严格的员工培训制度，成功地实现了组织的有效运行，从而保证了组织的生存和发展。

给人较多启示的是康健园以组织架构设计为基础的内部管理模式和以员工的全员培训为着眼点的“替补式”的培训模式。康健园建立了由最高权力部门、主管部门和职能部门组成的金字塔形的组织结构。其中，权力部门主管行政，以院长和总监为代表，处于结构顶端。权力部门下设高级主管部门，内设高级主管人员。金字塔的最下层设有职能部门，分别是康复部、推拿部、清洁部及安全部等。在康复部内设有五个班级，每个班级中有一个组长；推拿部设一个主管，下设组长。高级主管由全体员工共同选举产生，接受权力部门和职能部门的监督。每个月高级主管都要召开一次总结大会，总结一个月内各职能部门及主管部门所取得的成绩、面临的困难及表现的不足，并研究探讨问题解决办法。各职能部门每周要召开一次会，主要研究一周以来在具体的康复工作和推拿工作中发现的新方法和出现的新问题。如此的结构设计和部门划分，显然是认真考虑了职能领域的工作逻辑和实践经验，对核心业务重点安排，职权划分也较为清晰。

而且，康健园重视员工技术素养，主动安排员工接受培训，且形成一个全员培训、"替补式"的培训模式，勇敢地修正了原来有资格接受培训的员工只有部门主管的情况。关于培训，有针对业务能力提升的一线员工培训，有面向组织未来需要的管理人员培养，目的是使他们能够应对新的需求、新的问题和新的挑战。从管理学上讲，培养管理人员的方法除了常见的开班培训、外派学习、会议交流、项目实战训练等，还包括结合员工职业生涯规划，有计划地推进其工作学习，旨在强化其主动性和自觉性的长线培养；以及旨在拓宽员工视野和知识面，挖掘其管理潜力的岗位轮换、设立助理岗位、管理职位代理等途径。此外，还有一种以工代训，也就是传帮带，此举可作为激励和保持老员工的一种相得益彰的办法，就是鼓励老员工去培训新成员，因为反过来看就是充分认可了他们自身的特长，表示了组织对他们的努力的认可。① 当然，对于老员工们，还有组织的期待和适应其绩效表现的更大责任。

二、成长期与制度建设

初创期的机构大多是因人设事，围绕人来组织，而不是围绕工作本身进行组织；只是在有事了就去做事，很少体现为组织的整体性和员工

① ［美］彼得·德鲁克：《德鲁克管理思想精要》，李维安译，机械工业出版社 2008 年版，第 43 页。

个人的主动性，包括领导风格也是直觉型的感性管理，所以我们说这个组织以及其意识、行为还比较业余。尽快进行制度建设、完善规章制度已经十分必要。爱迪思有关青春期的生命周期理论指出在这一阶段，需要强调的内容转向了制度、政策以及行政管理，这一领域要求的是全然不同的技巧。也就是需要引入职业管理人员，加强组织的行政管理并使之制度化。[①] 那什么才是由业余转向专业的状态呢？一般是组织设计已经可以用一张纸来说明，也就是三定方案比较清晰、完善；内部规章制度在逐步建构完备，组织工作氛围在逐渐改善，包括人事、财务、项目运作在内的组织管理公开透明、合理规范；员工们由注重职位到强调贡献、乐于投入、甘心奉献；而且，在领导职能也制度化了的基础上，团队意识和组织力量凸显，这也是组织文化的一个转变过程。一个新成立的慈善机构，即使是组织架构还不甚完善，也需要尝试绘出一张组织结构图，在大家都了解组织主要职责的基础上，清晰地界定部门职能，明确部门间的职权关系和信息关系，使之权责一致、权能相符；进一步具体到部门内，对每一职位都加以明确界定，以岗位职责说明书的形式来确定员工个人的岗位责任，甚至可以具体到每一年度，根据组织的年度计划，来明确个人的年度重点工作任务，并汇编成年度工作手册；如果还能进一步的话，就是让每一个人都将自己完成工作事项的流程和内外接口梳理出来，从而不仅能够找到个人在组织中的确切位置，对组织来讲，在某一个岗位出现空缺而新手上位时，还能使其尽快进入角色、融入团队，最大限度地缩短其熟悉业务、理清关系的时间和精力消耗。

组织能力是基于组织资源的整合及配置。这其中，最核心的是人力资源，最基础的是资金保障。组织需要什么样的人才和领导者，是否根

---

① ［美］伊查克·爱迪思：《企业生命周期》，赵睿等译，中国社会科学出版社 1997 年版，第 57 页。

本缺失某类人才和领导者能力；是否拟定有一套完整的人力资源管理及发展战略，使组织能够着眼于长远并持续地发展；是否制订了一系列能够吸引、留住和用好人才的激励机制，包括所能提供的才华施展平台和事业发展空间，应该提供的业务培训和继续学习机会，以及适合本组织情况的平时的和定期的绩效评定考核等，这都是在人事管理方面必须涉及的。特别是对于21世纪较为普遍的知识工作者和不仅为报酬而奋斗的非营利组织员工及志愿者，如何进行有效的激励成为组织管理的挑战。“要评估这些以知识为基础的新产业的绩效，已逐渐变成要视这类产业如何吸引、维持及激励知识工作者而定。如果满足知识工作者需求的方式不再有效，就必须靠满足他们的价值观来实现目的，并给予他们社会的肯定，让他们从部下变成管理者，从员工变成合伙人，不管员工的待遇有多丰厚”。[①]“知识工作者也会要求经济的报酬。而且对他们来说，只获得经济报酬还不够，他们还需要机会、成就、满足及价值。知识工作者只有在成为有效的管理者后，才能得到上述的满足”。[②] 德鲁克指出了思考方向，就是慈善组织在人事制度方面，不仅要为专职员工提供有竞争力的薪酬标准与激励机制，把个人奉献、绩效考评与薪酬激励挂钩，更要在精神激励和发展空间方面，花时间研究如何促进他们基于任务进行自我管理。一般而言，知识工作者的工作动力与热情取决于他认为他的工作是否具有有效性，以及在工作中是否能有所成就。因此，对他们的激励，应以其发展、成就和成长为主，强调个人、团队、组织激励的有机结合，物质激励与精神激励相结合，长期激励与短期激励相结合，同时根据个别特征，对不同的需求采取不同的策略，真正达

---

① ［美］彼得·德鲁克：《卓有成效的组织管理》，［日］上田惇生编，齐思贤译，东方出版社2009年版，第92页。

② ［美］彼得·德鲁克：《卓有成效的工作管理》，［日］上田惇生编，齐思贤译，东方出版社2009年版，第44页。

到激励的效果。[①]

财务资金是各慈善组织最基础的资源，也是最敏感的问题。有关慈善组织的财务管理，目前更多的是依照或参照《基金会管理条例》、《基金会年度检查办法》、《基金会信息公布办法》等有关规定。从其注册时就可以看到基金的基础额度与规模。通过其包括财务会计报告、注册会计师审计报告等在内的年度工作报告及其建立的信息披露制度，可以了解到慈善组织开展募捐、接受捐赠、提供资助等活动的情况以及组织工作人员工资福利和机构行政办公支出的情况。《民间非营利组织会计制度》更是详细规定了非营利组织的资产、负债、净资产、收入、费用的所指、所限及相关要求；要求其会计核算应当以非营利组织的交易或者事项为对象，记录和反映该组织本身的各项业务活动，并且结合本单位的业务活动特点，制定相适应的内部会计控制制度，分期结算账目和编制财务会计报告，加强内部会计监督。这里，要特别对费用规定作进一步说明，因为这涉及非营利组织发生的业务活动成本、管理费用、筹资费用等，而这恰恰是组织内部人员不敢坦率面对、组织外部人员给予特别关注的。其实，这不仅属于正当、必要支出，更需在内部财务管理上予以支持；但同时必须做到对资金流的全程管理和监督，特别是对项目支出实行预算管理，充分发挥财务管理的预测、控制、评估和监督作用。而且，非营利组织要自始至终坚持财务公开原则，这不仅是组织信誉的支撑、社会信任的基础，更有助于对人性免疫，减少过错乃至腐败的发生。

三、成熟期与团队建设

组织渐渐成长，架构设计基本定型，发展趋势基本定向，形成了自

① 严正：《对知识工作者的有效激励》，载《德鲁克实践在中国》，机械工业出版社 2009 年版，第 185～193 页。

己的独特品牌，由此进入成熟期。这一时期，表现在组织和制度方面的特征是：组织的价值观、信念、氛围、规范、符号乃至哲学层面的经营之道已经形成，概括来讲就是组织文化开始发挥强劲作用；组织有了一定的规模，但在组织架构上较注意结构、幅度和层级的整体设计；管理过程控制有序，不仅授权有方、放权有度，而且敢于突破边界（突破组织边界的外部参与、突破部门边界的小组设置）；强有力的职业领导，专业化的分工，制度化的合作，但因组织规模庞大、员工成分复杂，有效运转比规范化运作更为重要。同时，在这一阶段，组织的合作精神和团队意识逐步形成，把职业作为共同事业来做，已经形成为集体责任和荣誉。

加拿大亚迦汗基金会对南亚 NGO 的深入观察深具经验意义。他们研究印度及巴基斯坦的亚迦汗农村支持计划（AKRSP）后，进一步指出："当印度的 AKRSP 规模仍是很小时，机构并没有部门之分：主席负责一切事情。随着时间过去，机构内部分成不同的部门：项目、财务、行政、监察和人事部等。当项目不断发展，这个架构亦发展到瓶颈，阻碍决定和造成预算不协调等。在机构聘请的独立核算师细心复审各层的控制权后，机构决定把计划和财政预算的职务下放。"① "对 NGO 而言，最重要的问题并不是他们有没有一个扁平化的组织架构，而是他们有没有可以鼓励团队合作、学习和权力分散的制度和过程。参与并不为了参与本身，而是要运用参与的过程去发送信息和知识，对机构的目标和远景建立共识。此外，NGO 需要正式的制度和政策，也同样需要非正式的参与过程和个人的承担，有效的 NGO 应该确认正式和非正式之间的互补作用。还有，有效的 NGO 管理并不是一人主导的，而是有赖于优

---

① ［加］伊恩·斯迈利、［英］约翰·黑利：《NGO 领导、策略与管理：理论与操作》，陈玉华译，社会科学文献出版社 2005 年版，第 132 页。

质的团队合作、共同承担的责任和集体的问责。”①

在团队建设中发挥重要作用的不仅仅是领导艺术、组织管理和文化建设，薪酬激励也与此紧密相关。社会上对慈善组织适当留用管理费有种偏见，认为不该提取或一味地要求降低留用比例。其实，无论是社会大众还是慈善组织自身，都不当有此想法。在2004年公布施行的《基金会管理条例》就已明确规定，基金会工作人员工资福利和行政办公支出不得超过当年总支出的10%。这既是对慈善组织劝募所得财产支配的一个硬性限制，同时也是对慈善组织正常持续运转的一个最低保障。而且国内慈善组织管理费长期偏低，工资水平远远低于营利部门和政府部门，不仅难以吸引人才，也无法管理好项目，更何谈安排预算用于项目的评估与信息的披露。清华大学公共管理学院创新与社会责任研究中心主任邓国胜博士认为，我国有的慈善组织有财政拨款，员工工资和机构办公场所由政府提供，有的慈善组织完全自力更生，没有财政一分钱的补贴。在这种情况下，若慈善机构仅为了吸引捐赠，对外承诺不提取一分钱管理费，不仅误导公众，而且是不公平、不必要的竞争。所以慈善组织也需要不断改革，需要去行政化，这样才有利于慈善领域的公平竞争和健康发展。② 当然，由于慈善组织是非营利机构，因此有必要建立一整套高度透明的运作机制与财务制度，公则信、透则明。如此也才好破解慈善公益事业的福利障碍，即去除“从事公益的人不该拿太高工资”的社会误解，为中国慈善事业的发展吸纳人才，培养人才，留住人才。民政部刚发布的《中国慈善事业发展指导纲要（2011～2015年）》已经强调，要“推动完善专职慈善工作者的人事、福利、薪

① ［加］伊恩·斯迈利、［英］约翰·黑利：《NGO领导、策略与管理：理论与操作》，陈玉华译，社会科学文献出版社2005年版，第184页。

② 封满楼：《国内慈善募捐存在三大误区》，载《青岛财经日报》2010年12月9日，(http://gongyi.hexun.com/2010-12-09/126090961.html)。

酬和社会保险政策，增强公益慈善事业从业的吸引力，不断壮大慈善工作队伍。推动制定慈善行业从业标准和职称评定标准，提升慈善行业管理水平和服务效能”，从而进一步加强慈善事业人才和志愿者队伍建设。

关于中国公益基金会的激励机制及其实现策略[①]，有学者进行了专门探讨，指出要重新认识物质激励，尽管报酬在基金会领域是一个敏感的名词；在国外，基金会理事和负责人也讳谈收入这个问题。人们往往有一种认识，就是为基金会工作的人，就应当把激发人的创造性、奉献精神作为价值的一部分考虑。但是作为公益性组织，其员工也需要良好的物质生活，员工所得到的薪酬既是对其过去工作努力的肯定和补偿，也是他们以未来努力工作得到报酬的预期，激励其未来的工作。在员工心目中，薪酬已不仅仅是自己的劳动所得，它在一定程度上还代表着员工自身的价值，代表组织对员工的认可，甚至还代表了员工个人能力、品行和发展前景。所以，薪酬激励不单单是金钱需要，实质上已成为组织激励机制中的一种复杂的激励方式，隐藏着成就激励、地位激励等。客观、公正、合理的报酬既有利于组织的发展，又能保证员工从报酬中获得经济上、心理上的满足，有利于提高组织员工的积极性。要使薪酬真正成为一种有效的激励因素，必须保证薪酬应当与绩效挂钩，才能真正起到激励的作用。但是需要强调的是，作为非营利组织，公益基金会的绩效衡量标准应该是非营利导向的，如社会服务的数量和质量、社会支援的成果等，而不能一味效仿企业中所使用的财务指标，否则将背离非营利组织的宗旨。

---

① 陈秀峰、李莉：《试论中国公益基金会的激励机制及其实现策略》，载于http://blog.163.com/xi-nai/blog/static/746109932009118915l8950/。

四、转型期与组织变革

转型期是组织已经成熟即将进入衰退期的变革阶段。这一时期，组织因盛年刚过而依然强健，“财大气粗”、慢条斯理、关系复杂、制度繁多、形式主义盛行，浪费情节越来越多，同时丧失了创业期的拼劲、成长期的韧劲、盛年期的干劲，稳定持重不再、团结协助不再、开拓进取不再。“整个企业开始丧失创造力、创新精神以及鼓励变革的氛围，但恰恰是这些因素在过去造就了盛年期的企业”，消极态度掩盖了兴奋劲，也不再像青春期的企业热烈地讨论决定有关责任、制度、政策、信息需求和奖惩制度的问题，财务人员的地位超过了市场营销、工程和研发人员的地位，自我保护意识不断强化，制度也开始行之无效，形式取代了功能，意图简单地以组织成长为目的的欲望，代替了为什么去做、做什么、怎么做、谁去做、何时做、做到什么程度的综合思考和预判，由此而生的以自我为中心、自以为是、孤芳自赏、在真空中思考问题的贵族化行为，纯是一种想当然的做法，并不适应形势的发展，而这不仅将损失、消耗组织的实力，更将因直接影响到满足顾客需要的能力降低，从而导致市场占有率持续下降以及收益和利润急速下滑，企业与环境越来越隔离开来，直至死亡。① 能不能在已取得很大成就的基础上，向组织本身业已滋生的、不合时宜的组织文化挑战，从制度负累和机制窘境中突围出来，从经验中吸取教训，在坚持传统中予以更新，进而对已然凝固、沉沦的习气有所摒弃，以增强组织对环境变化应有的调适能力，因为这时活力为要、重生为要。

希望工程创始者、中国著名公益人徐永光在 1998 年希望工程将近

---

① ［美］伊查克·爱迪思：《企业生命周期》，赵睿等译，中国社会科学出版社 1997 年版，第 70 ~ 96 页，有关老化中的企业的描述。

10周年时，谈到了《无竞争忧虑》，没有竞争、缺乏压力，我们是否能够长久地保持创造的活力和进取的冲动？“孤军深入”的中国青基会“红旗还能打多久”？这是从组织的外部思考组织和事业的危机来源。同年10月，徐永光《自知者明　自信者强》将视点从组织外部拉回到组织内部，指出真正可怕的是，随着机构的成长成熟，旧体制的遗传基因也在顽强地显现它的“克隆”功能。行政化倾向日甚一日，又因我们惯于妥协，各种机构病终成沉疴：没有竞争，效率低下；优哉游哉，按部就班；机关作风，贵族思想；部门扯皮，官样文章；论资排辈，等级森严；赏罚不明，吃大锅饭；浪费无罪，享受有方；不能冒尖，可以偷懒；清谈风盛，创造性差；武大开店，井蛙自赏；累的累死，混的照混；无须分流，不用下岗，如此等等，不一而足。他针对这些典型的后盛年期的组织病症开出了变革的药方、重新寻求活力的药方：要祛除这些生理障碍和沉疴痼疾，不能头痛医头，脚痛医脚，而是要下重药，动大手术，要从体制上开刀，坚决果断地由行政化模式向市场经济条件下的NGO模式转型。在强调社会责任意识、创新意识和以人为本的同时，通过人事制度、分配制度、岗位责任制度和奖惩制度的革新，实行效率优先、优胜劣汰。让创造者在这里如鱼得水，让混饭吃的在这里一天也混不下去。[①] 可以说，其时的组织负责人徐永光先生是看清了形势、找准了问题、下定了决心、开具了药方，以适应环境变化和组织成长的需要的。

在真正的激烈变革、迅速变化的环境中，再用凭着更低的成本、优秀的执行和产品/服务的独特，就可以在目标细分市场上获得成功的传统做法已难再继续，因为竞争的基础已经从要素成本转化为经验和规

① 徐永光：《中国NGO的发展战略》（PPT），2007年11月6日，中国NGO互动网（www.ingo.org.cn）。

模、全球经营、实践管理以及技术。只有超越纯粹的、生硬的竞争，让基层组织在实践中对战略进行提炼，让高层管理更重视灵活性和全局上的正确把握，而不是由于关注细部导致的错误；要求财务主管提出营销的战略问题和建议计划、营销主管指出生产问题、生产主管提出财务计划，从而进行真诚对话促成团队合作，这不仅有助于已经进退失据的组织领导者应对杂乱无章、眼花缭乱的盛年期过后的大变革环境；还是在面临市场快速衰退的情境中，建立支持战略变化的弹性组织的前提和基础。比如，为规避风险而将机构重新组织为多个战略业务部，进行多方位的业务开拓和多样化经营，让组织随着市场的繁荣和衰退灵活地在业务之间移动。当然，有一点很重要：这种战略要求现场管理者对市场有敏锐的感知能力，而且能和核心管理层进行经常、坦白和毫无顾虑的沟通。而且，要坚定与顾客建立长期和有利可图的关系的决心，因为赢得一个新顾客通常比服务现有顾客所费更多。① 变革并不扑朔迷离，只要信念坚定、信心满满，目标得当、战略得体、方法对头，组织转型就将获得成功。我们需要铭记，管理者的新思维将结束一再蜕变的错误思路，开创一个浴火重生的新变革时代。

第三节　能力提升的路径

一、有效的组织架构

一个特定的组织结构是与特定条件和特定时间内执行的特定任务相

① ［美］普华永道变革整合小组：《管理悖论——高绩效公司的管理革新》，徐京悦等译，经济日报出版社 2002 年版，第十章“在新的环境中打造战略”，第 241～267 页。

匹配的。[①] 一套设计完整、职权清晰、合身适用且简单易懂的架构是非常有用的。关于组织架构，只有一个重心和出发点，那就是有效。有效的组织架构需要满足四个条件：一是对于组织使命、外部环境及核心能力的反映必须符合现实状况；二是上述的三个标的彼此间必须环环相扣；三是组织架构必须被组织上下理解掌握；四是组织架构必须不断地接受任务检验、目标管理及绩效评定。此外，组织架构必须有助于内部沟通，因为这是组织产生的理论初衷，在组织内部消解交易成本；要能够促成自我控制，因为这是组织运转的机制保障，不可能把精力都消耗在内部管理上；要处理好决策、执行和监督三者的关系，这是组织效率的制度体现，否则机构的效力将无法展现，因为它不能够成为一个有机体。

在第二届中国非公募基金会发展论坛上发布的《2009年中国非公募基金会发展报告——非公募基金会的内部治理》，重点研讨了中国慈善组织主体——非公募基金会的内部治理结构，特别是抛开非公募基金会理事会的章程规定、成员数量、召开次数、决议通过等表面上、形式上的内容，而探究理事会权力这一基金会组织的构成、分配、运行等本质的内容。该报告围绕六个问题展开描述：非公募基金会的成立背景，包括基金会的发起者是谁，注册资金和日常运作经费是怎么来的；理事会的组成状况，包括理事如何产生，理事来自哪里，理事会成员主要为组织提供哪些资源；理事会与秘书处的分权状况，包括秘书长如何选定，理事会与秘书处的权力如何分配，秘书处与理事会沟通状况如何；理事会的权力分配，包括理事会决策机制是什么，理事会重大决策如何作出，谁的意见起关键作用；监事的职能；以及理事会主要发挥什么样

① ［美］彼得·德鲁克：《德鲁克管理思想精要》，李维安译，机械工业出版社2008年版，第65页。

的职能。可以说，以解剖麻雀式的细微对18家非公募基金会进行了典型调查。最终得出了目前中国非公募基金会的内部治理模式主要是资金引入者主导的内部治理模式，即资金引入者和主导理事会决策者是一致的。笔者认为，这样的结果既符合事实逻辑，也契合理论推演。因为，只有来自于各界的理事，才有可能将组织的使命、能力与环境要求形成一个整体。德鲁克高度强调理事会之于非营利组织的功能作用：要成为高效率的组织，非营利组织必须要有一个强势的董事会，董事会不仅要帮助组织明确使命，还要成为使命的监护者，确保组织履行对使命的基本承诺。同时，董事会有责任确保非营利组织拥有精干的管理层——并且是合适的。同时，董事会也是非营利组织首要的基金筹集者——这一重要的角色在营利组织中是不存在的。[①]

在国外非营利组织中，理事会制度是普遍采用的、有着长期实践的一套治理机制。英国慈善组织的理事对慈善组织的行为和资产负有完全的责任，他们有责任保障公共资产的延续、组织的恰当管理、组织的非营利性、组织的有效运作、公益目的的实现，以及保留组织账户和各项信息的责任等。[②] 因此在目前中国的当务之急，还是要逐步在实质上采用和健全以理事会为核心的治理机制，从而加快非营利组织治理的制度化、社会化和民主化。做好组织架构的核心安排，理事会管决策，要正确引导组织的事业取向和项目立项的“兴奋点”变化，真正起到掌舵的功能；秘书处管执行，要足够专业、推动有力，不折不扣地落实机构使命，淋漓尽致地展现核心能力；监事们管监督，要有包括懂法律、熟悉财务、能影响舆论在内的足够势力以起到“威慑”作用。

---

① ［美］彼得·德鲁克：《非营利组织的管理》，吴振阳等译，机械工业出版社2007年版，第126～127页。

② 冯英、穆风龙、聂文倩编著：《外国的慈善组织》，中国社会出版社2008年版，第97页。

二、规范制度的运行

如果说组织架构如同骨骼一样撑起了人体，那么规章制度就好比肌理规定了组织的纹理结构，使组织形成一种客观的自然形态。下面即将论述的团队合力可类比为肌肉群，为组织积攒能量释放活力；领导者毫无疑问就是组织的大脑了，带领组织前进，“引导出人们永续的工作热情及希望”。只需稍作分析，我们就能知道规章制度肯定是成本较低的组织基础，因为一个健全完善的、合时宜的组织制度，能规范员工行为，使各项工作有章可循，提高管理效率与质量，形成一个良好的组织氛围。慈善组织的制度化就是约束自己组织和成员在人员的招聘和使用、资金的筹集和管理、项目的设立和运行、决策的权限和程序、信息的真实和公开、预算的监督和管理、日常和定期的监督等方面都有一套严格的程序，控制组织偏离轨道和人员浮华浪费。但是，在任何组织的任何时候，都可能出现制度失灵。当制度不被遵守，只有两种情况：一是制度本身就不合理，宽窄失当，有失公允；二是权力意志强于制度，随意迁就，赏罚不明，这真的将使好员工无法做好事，差员工搅乱组织秩序，最终是整个组织氛围浑浑噩噩、得过且过，更遑论制度的保障作用和激励功能了。

那么，非营利组织该如何正确地进行制度建设？一般认为有六个环节：（1）坚定围绕组织的使命战略和宗旨，确定制度建设的方向，所有的管理规章制度都需要按着这个方向去编制、执行、维护，以保证制度的有效性与可操作性。（2）首先成立专门负责制度建设和管理的部门，从保障整个组织的正常、高效运转的立场，编制或协助各个部门编制各项制度，也就是强调各项制度的本义，而非各个部门从自己的角度出发，要权力，想便利。若如此，必将埋下制度不彰的隐患。（3）要主动做好制度宣传，甚至不必等制度汇编成册，可按照成熟一个、编制一个、宣传一个的思路，使组织的每一个员工都能了解到制度建设的目的，宣导以人为本的制度建设理念，促成潜意识遵守制度的氛围和习惯。(4) 制度最好简单明了，而非为文件而建构，避免长篇累牍，防止本本主义以及由此产生的官僚主义和形式主义。(5) 非营利组织的领导必须以身作则，带头执行，自身坚决不搞特殊化，也不纵容迁就员工，这样才能真正形成制度化、规范化的氛围。组织的管理水平也才能真正地提高。(6) 随环境变化和组织发展评估制度的合理性、时宜性，定期修编完善、不定期增加单篇，并及时废除过期制度，以保证制度的有效性、适宜性，从而形成一种“又有集中又有民主，又有纪律又有自由，又有统一意志，又有个人心情舒畅、生动活泼”的工作环境。

三、形成团队的合力

如大家所知，团队合作对于企业等组织来说确实非常重要但早已经不是什么新观念了。但是团队的意义仍是需要强调，因为“团队作为整体工作的方法决定了其成功与否。你也许拥有世上最优秀的精英，但是如果他们无法在一起工作，就一钱不值”[①]，著名的棒球运动员拜比·鲁斯如是说。德鲁克在强调人的管理时，曾把第一线管理者比作组织的基因。类似地，我更乐意把每一个员工比作组织的每一块肌肉，因为他们才是神奇的引擎，时刻发挥着作用，拉动组织度过每一天。但他们各自不是也不应该是没有关联的，除了规定的部门和岗位是其所在，非正式组织是他们的另一种存在。正视、引导、充分发挥这一团队意识和行为，是组织效率和效力同时提高的关键。

肌肉群是指相同或邻近部位肌肉组成的功能统一的群体。以肌肉群

① ［美］斯图尔特·克雷纳：《管理箴言录》，孙福全等译，海南出版社 2000 年版，第 68 页。

指称的目的，是为了弄明白每块肌肉在类型、作用及功能等方面的不同区别，从而把在人的身体中分布很广泛的约520块肌肉进行有机组群，以促进各部位肌肉的发展，增大肌肉块的体积，使肌肉隆起，线条清晰，既铿锵有力，又动作健美。我们在此引入肌肉群的概念，就是基于如果有意识地将肌肉分部分类形成群的概念，就可以加深对该组肌肉的刺激，就好比肱二头肌与肱三头肌协作完成前臂屈伸一样，发挥的不仅是1+1>2的协同功效，还保证了各自岗位责任的正向履行。特别是在绩效目标、机构和员工压力、部门及岗位责任等都不甚精准的非营利组织，更需要注重发挥团队的合力，重视权力下放、任务小组、项目团队等有利于改进组织的横向联系和整合；而且NGO人力资源密集，甘心奉献、志在慈善的精英们更是注重个人自我的基本心理需要，因此，NGO排斥，如果有条件的话更是杜绝官僚式管理的存在。NGO的团队存在于机构的不同层面，有的由不同的任务和责任联系而成；有的因共同的关注点或共同的世界观或价值观乃至某些社会关系而相互吸引。参与式的团队合作是NGO的基本特色，也是建立伙伴和对外关系的必要条件。[①] 类似于肌肉群的团队，将具备互补技能的人集合起来，成为强有力的整合力量，在实现组织共同目标的同时也更好地满足了成员个人需要，这也是团队组建的动力关键。

四、让领导发挥作用

在成功的组织中，通常是机构领导层或实际负责人扮演着大脑的角色，作为神经中枢通过神经系统掌管着整个组织，在自身所属单位或部门中起着统御全局的关键性作用；而单位内部的规章制度则是用制度化

① ［加］伊恩·斯迈利、［英］约翰·黑利：《NGO领导、策略与管理：理论与操作》，陈玉华等译，社会科学文献出版社2005年版，第69页。

的形式规定并保障着组织领导的权限、机构、职责关系及活动方式；同时领导通过具体管理人员，把组织系统内的领导活动规范化、制度化为明确的管理层次、等级序列、指挥链条、沟通渠道等非人格化的活动。无论是在理论还是现实当中，一个组织的目标宗旨、管理风格、工作效能，乃至精神状态、发展势头等，都与领导者的个性、品德、素质、信仰、专业技能、社会关系有极大的关系。特别是在非营利组织，可以因领导者视野开阔、思路清晰、能力卓越、乐观外向等特质，而最大限度地影响组织内外的人们死心塌地和充满期待地为实现组织的目标而努力。相反地，也将因领导者的狭窄视野、狭隘心肠、贪腐浪费、哗众取宠、欺诈哄骗、专业素养及技能低下，不顾组织使命对个人名利的追求等原因，而使组织发展缓慢，到处充斥着浓厚官僚意识、拖沓推诿行为，并由此弥漫着半死不活、行将衰亡的气息。

因此，福来德·菲德勒在其名著《一种领导效能理论》中这样强调，“如果我们希望提高组织和群体有效性的话，那么，我们不仅必须学会怎样培训领导者，而且必须学会怎样建设一个使领导者能够在其中很好地履行其职能的组织环境。”[①] 应当说，组织领导与组织制度是一种相辅相成关系。领导基于特定情景艺术地发挥激励功效，制度规定则保障和推动着这一功效的制度性发挥，确保大家依从制度完成工作。事实上，集体、参与和权力共享是很多 NGO 所共有的领导方式，这些方式补足并加强了领导素质，确保计划和共同承担，鼓励决策更具问责性和透明度，提倡内部沟通，使复杂的问题更易于明白和学习，也使组织更易把具有不同专长和技能的人拉在一起。[②] 这样将能提高激励效果，

---

① ［美］海因茨·韦里克、哈罗德·孔茨：《管理学——全球化视角》（第 11 版），马春光译，经济科学出版社 2004 年版，第 315 页。

② ［加］伊恩·斯迈利、［英］约翰·黑利：《NGO 领导、策略与管理：理论与操作》，陈玉华译，社会科学文献出版社 2005 年版，第 156 页。

既有利于员工创造力的发挥，又能确保保质保量地完成工作任务。故此，让领导充分发挥作用吧，成功完成 NGO 使命的领导者，需要兼具价值、野心、技术能力、启发能力和判断能力，把坚实的组织蓝图和有效的管理，结合在坚定的个人价值、对地方发展的宏愿以及在不稳定和变动的外在环境中运作的能力中①，从而营造出有助于提高组织生产力的领导模式和管理精神。

① ［加］伊恩·斯迈利、［英］约翰·黑利：《NGO 领导、策略与管理：理论与操作》，陈玉华译，社会科学文献出版社 2005 年版，第 136 页。

第三章　项目开发及营销能力

慈善组织除了需要突出本身的机构定位和制度能力建设外，亦注重提高项目开发和筹募能力，强调项目功能和市场营销的重要性。事实上，这也是慈善组织能力建设的核心部分，因为它深入反映着组织意图与外界需求的契合度，考验着组织把优势领域与项目设计相结合的意识和能力，也将直接彰显慈善组织在市场营销过程中的策略和艺术。本章将从如何策划、选取、创作和建立项目出发，以特色、创新、品牌化为指向展开项目开发及营销能力论述。

第一节　基本理论

一、关于项目的本质

项目（Projects）是什么？人们常用“时间”、“资源（或缺乏资源）”、“某种工作努力”、“交付物或者产品”、“综合工程”、“缺乏凌驾其他班组的职权”，以及“预算”来给它下定义。实际上，项目是一种独特的工作努力，即遵照某种规范及应用标准去导入或生产某种新产品或某项新服务。这种工作努力应在限定的时间、成本费用、人力资源及资财等项目参数内完成。也就是说，项目是指一系列独特的、复杂的并相互关联的活动，这些活动有着一个明确的目标或目的，必须在特定的时间、预算、资源限定内，依据规范完成。项目参数包括项目范围、质量、成本、时间、资源。项目对社会、对企业、对个人的意义都是非常重要的，所以项目管理被视为未来 20 年的黄金职业也不无道理。[①]项目具有一次性、整体性、系统性，并且属自觉性较强、目的相当明确，有计划、有步骤、有周期，是一个相当理性的行为过程。这种新的思维方式、行为模式已经渗透到包括商业企业、政府机关、民间团体在内的每一个社会组织，而且都把“引入项目管理”作为提高组织效率和管理水平的重要途径。美国匹兹堡大学工程学院荣誉教授大卫·克里兰博士关于在应付全球化的市场变化中，战略管理和项目管理将起到关键性的作用的断言，也在强调从根本上改变了管理理念、在一定程度上破除了传统科层制迷思，特别是在信息时代和市场经济较为发达的今天，其正在不断地创造和提升自身的价值。

从本意上理解，还可以将项目的本质概括为：（1）便于组织。有效的项目运作，可使组织发挥整体的功效，既可整合利用人、财、物等组织资源，也能促使各个职能部门充分发挥各自的专长优势，如此而使组织在工作上成为了一个有机体。（2）利于辨认。有效的项目运作，可使人们清楚地了解该组织的职责领域、品牌特点、风格特质，乃至机构能力、管理水平等，从慈善组织丛林中有效分离、脱颖而出，从而巩固发展自己。（3）易于宣传。良好的项目有助于组织形象的树立，而且很可能发展到项目品牌远超过组织本身的知名度和影响力，可以使组织更加易读、易识、易记，对组织本身起到宣传作用。（4）易于管理。通过项目把组织任务完整、具体地分配给组织内外的不同单位和人员，

① 关于“项目”的定义，见百度百科（http：//baike. baidu. com/view/25183. htm）。

使各个工作界面的具体任务、目标和责任更加明确，同时也便于对组织运行情况进行监督和业绩考核。总之，设立项目和进行项目运作、管理，有利于组织将其各方面的要素资源综合形成独有品牌，更加科学合理地使用人员和资源，稳定发展和巩固提升组织自身的核心竞争力，以及计划、实施和控制活动的能力，使组织更有效或快速地完成任务，确立自己在同领域竞争中的地位，由此能够更好地为社会作出贡献，带来良好效果。

二、慈善项目的基本类型

项目开发对于慈善组织的重要性已无须多言。确认一个已知的成功项目并不是一件难事，但是，为自己的组织开发出一个高水平、有特色的成功项目通常会很困难。据《中国筹募市场调查报告》显示，在中国最受欢迎的项目是教育助学类，占总体的近 40%；其次是救灾类，占 25% 左右；再次是扶贫济困，约有 20%。当然，这与当前中国所处的发展阶段和现实环境是紧密相关的。而且，中国的官方慈善机构和较早兴起、较大规模的民间慈善基金通常可以通过官方支持、自身影响力以及名人效应募集到来自全国各个地方、企业及个人的捐款。但很多民间自发的慈善组织，它们的生存和发展必须通过项目研发和创新，吸引关注、挣得支持。

米歇尔·诺顿在《全球筹款手册：NGO 及社区组织资源动员指南》中指出，企业特别感兴趣而进行赞助的有：公司重要经营区域的地方性重大项目、重大文艺活动、体育运动或竞赛、涉及公司产品有关的活动、经济开发项目、环境保护项目、有特别重要人物支持的新项目。[①]

---

① 葛道顺、商玉生、杨团、马昕：《中国基金会发展解析》，社会科学文献出版社 2009 年版，第 84 页。

综上需要强调的是，除了大的灾情可以动员全体人民外，一般的项目只适合于动员一部分对该项目感兴趣的机构和人。因此，慈善组织在项目设计上需要廓清领域，确定类属，找准项目开发的着眼点，精心设立筹资项目。

三、市场营销的理论

关于非营利组织的市场营销，在国外已经有相对成熟的理论和运作模式（国外市场营销教科书中，大都包含有“慈善机构与非营利性组织的营销”或“非商业性市场营销”这一章节）。那么，究竟什么是营销，它的本质和任务又是什么呢？世界公认的营销学大师菲利普·科特勒在与管理学大师德鲁克有关非营利组织营销战略的著名谈话中，给出了一个最简短的营销定义：寻找并满足需求。他在与推销的比较中进一步强调了营销的概念：如果从所服务的客户或消费者或市场群体出发，就是营销；如果从已有的产品出发，想把其卖给所能找到的任何市场，那就是推销。而且，科特勒认为，营销最重要的任务是研究市场、细分市场、确定所服务的目标客户群体（即目标市场）、市场定位以及提供满足客户需要的各种服务。广告宣传和推销则是后面的事情。①

其实，无论是商业机构还是非营利组织，在尚未形成组织间竞争或竞争并不激烈的情境下，产品或服务占据主导地位，供不应求还是卖方市场，谁也没有了解客户、细分市场、满意导向的意识，也大可不必改变策略而进行所谓的市场营销。而当社会已然进入以互联网为标志的信息时代，人们的视野扩大了，选择范围也随之扩大，服务代替产品、满足个性超越提供共性，成为客户是否选购你所提供的产品的关键因素。

---

① ［美］彼得·德鲁克：《非营利组织的管理》，吴振阳等译，机械工业出版社2007年版，第61页。

计划、营销、人才、资金是德鲁克排列的非营利组织经营管理应具备的四大条件。营销排在仅次于涵盖使命的计划之后，其重要性可想而知。在这里，营销已经等同为战略，承担着将非营利组织的使命和目标转化为实际的成果的任务。

第二节　阶段特征与重点

一、初创期与市场营销

一般地，大家都能理解且较为同情初创期的组织，因为这一时期组织管理的首要目标是确保组织得以生存，管理的主要任务也在于如何把握各种可能的发展机遇，规避可能对组织造成致命打击的威胁，推动组织顺利度过婴儿期。因此，在这一阶段，主导组织的是生存信念、机会主义和低端行销。称他们为生存而“投机”一点也不夸张，当然也不是刻意的贬低，这是真实情况的描述和概括：当机会来时，为得到资金支持，一般不会杜绝那些看起来不切实际、操作上不尽合理的项目，因为他们总是认为还不是项目多到需要挑选和比对的程度；而且因为在业务上的不熟悉、运转上的不专业，而在主观和客观上都产生领域不专一的局面和做项目不专心的印象；还有就是因为不得营销要领，仍是通常的宣传自己能提供哪些产品和服务的低水平的推介、推销，仍想一网打尽所有的人；在传播渠道方面也是简单得很，对于怎样捕捉机会赢得关注、创造场景加深印象等还是一筹莫展。其实，虽然组织筹建之初需要资金支持，但如果非营利组织只顾资金筹集，则意味着会陷入严重的困境和定位危机。因为，筹措资金的战略目的恰恰在于使非营利组织能够致力于使命，而不是本末倒置，让使命屈从于资金的筹措。[①] 也就是说，组织必须坚持原初的使命，领导必须坚定创业的信念，逐一克服创业激情蜕变为苦心经营所带来的身心疲倦、四顾无援、没有头绪等不适心理和实际困难，一步步开发项目、迈开脚步，一点点积累资本、累积经验，耐得住寂寞，受得了白眼，抵得住诱惑，必须坚信只要不抛弃、不放弃，坚定立场、坚持目标，就一定能确认自我的专长，确定他人的所需，向着这一方向不懈努力，从而开创属于自己的一片天地。

北京市太阳村儿童教育咨询中心是一家无偿为服刑人员代养代教无人抚养未成年子女的公益组织，自2000年成立以来，已为全国16个省份1000多名服刑人员的3个月至18岁的无人抚养的未成年子女提供生活、教育和医疗服务。孩子们全部就近入学读书，他们的父母刑满释放后可将其接回家中，现已抚养了近千名儿童，常年抚养130多名儿童。而太阳村创办人张淑琴女士曾是陕西省监狱管理局的一级警督，也是监狱报纸的一名记者和女作家。通过大量的采访，她了解到因为父母入狱，很多孩子流落街头，沿门乞讨，不仅常常遭受虐待，而且还面临饥饿、疾病和死亡的威胁，有的孩子甚至走上了犯罪的道路。作为两个孩子的母亲，她不忍看到孩子流离失所，被众人歧视，被社会忽视。1996年，张淑琴在陕西创办第一家替服刑人员代养代教子女的儿童村。作为一家草根NGO，太阳村得不到政府拨款，一切费用都靠自己一分一厘去筹集。因此，在创办之初张淑琴四处化缘求生存，并经历了一次次的失败，终于在一次去一家企业募捐被无情拒绝后，产生了自办产业求发展的想法。2000年，张淑琴在中华慈善总会的支持下成立了北京市示范儿童村。2003年，北京市示范儿童村注册成独立法人。与此同时，太

① ［美］彼得·德鲁克:《非营利组织的管理》，吴振阳等译，机械工业出版社2007年版，第46页。

阳村的自办产业也从无到有开办起来：手工刺绣、枣树种植、蔬菜种植、废旧物资回收等，一个个项目为太阳村筹集着宝贵的资金。其中，爱心认树项目是最受人关注也是运行较为成功的一个项目，它借用农家乐休闲方式，将公众的爱心引导成为一种慈善行为。爱心认树项目虽然属于自办产业，但是从启动到运行，都是把枣树作为一种向公众筹资的载体，因此其实质是一个公益筹资项目。太阳村在经营中，把商业化经营、爱心服务和对孩子们的教育结合起来，不断开阔思路，不断拓展范围，走上一条健康发展的良性之路。非营利组织应该采用何种方式设计项目和展开营销，本案例可以给我们很多的启示。①

相反地，2010 年关于红五月"插草卖身"的新闻报道，折射出草根慈善公益组织因欠缺营销而导致的生存危机。河南红五月公益联盟的前身是河南山地救援队，在"5·12"汶川地震救援行动中迎风而生，主要内容是关爱灾区人民。募集到数百万元资金和物资，在四川灾区和玉树灾区开展了卓有成效的救援和捐助行动，同时在河南省内多次开展爱心捐助活动。红五月和他的成员们也获得了各种荣誉：河南省首届十大杰出志愿服务集体、河南省青年岗位能手、河南青年五四奖章……但是，由于资金困境、缺乏专职人员等原因，这个民间公益组织面临生存困境，被迫"插草自卖"。"经过两年多的运作，红五月荣获了各种荣誉，已初步形成了一个爱心品牌，我们希望有爱心的企业，能接过这根慈善的接力棒，把爱心事业传承下去。"红五月爱心联盟负责人刘磊如是说，"实在是没办法生存下去了，你看，连办公场所都没有。""上班十几年来，我从来没求过别人，可自从参与红五月之后，为了公益到处求别人，求企业捐款捐物献身公益。""进川 15 人，坚持到现在的，只

① NPO 信息咨询中心：《中国非营利组织管理案例集》（2009），载于 http://ishare.iask.sina.com.cn/f/6389545.html? from = like。

剩下了4个人。”“最大的困难是缺钱，没有资金的支持。”由于是民间组织，所有活动都得自掏腰包。成员之所以越来越少，是因为生存的压力。刘磊说：“在向企业募捐时，他们会先问一句，有啥好处？我说，这是爱心公益活动，为了感谢您的帮助，我们会在车身喷上标语，或者在活动中打出条幅，来宣扬您的爱心。”综上可以看到，红五月奉献社会的愿望、光灿照人的品牌已经难以支持其渡过现实难关：因为红五月虽逢时而生，但未顺势而长，更缺乏明确的使命、长远的规划和可持续的发展路径，以及蕴含品牌特质的项目支撑、市场营销，仅凭着参与人员的无私付出、四处化缘等，无法将红五月组织化，缺少对公益活动的细致运作，所以这种难以为继的局面无法避免，虽然他已大胆提出了类似于足球队的冠名权的想法。其实，之后刘磊的“最大愿望”已经在往平台支持型机构发展，为想献爱心但苦于没有合适的渠道和平台的诸多企业，和没有精力联系到合适企业的民间公益组织，搭建一个中介、一个平台。他希望相关部门成立一个志愿者服务大厅，在这个大厅里，既可召集各类公益组织积极参与，根据各个公益组织的特长，让它们在擅长的行业开展慈善活动，又可以募集各个爱心企业和个人的善款，在爱心企业和公益组织之间搭建起一个平台。

二、成长期与项目品牌

成功闯过初创期历练的组织，基本都能在使命清晰、战略可行、架构合理、制度规范等方面呈现出一定程度的相似性，从根本上说，是在这些因素的共同作用下形成了组织的基本能力。而如果组织能进一步有效塑造与运用其新的战略能力，则取决于组织的项目开发及营销能力。通过观察较为成功的非营利组织，我们发现处于成长期的它们在项目开发及营销方面是无“特”不在：特殊的资源、特别的定位、特点的突出、特征的提炼、特意的设计、特质的塑造、特长的发挥、特定的研发、特需的开发、特制的供给、特色的项目等。简言之，这种强调差异性的表现源于组织资源、组织战略与环境需求之间的互动，以及组织结构、组织功能与战略制定之间一种良好的配合。同时对于组织发展出一种适应业界主导需求的战略能力不无裨益。进一步来讲，对于开凿更多竞争优势的源泉，并使它们形成簇群发展的生态来说也是极其重要的。现下中国慈善行业能够叫得响的品牌项目，还多是面向全国的已经设立一二十年的公募基金会，如中国青少年基金会的希望工程和保护母亲河行动，中华慈善总会和美国慈善组织开启的微笑列车唇腭裂矫治项目，中国儿童少年基金会的春蕾计划，中国人口福利基金会等设立的幸福工程——救助贫困母亲行动，中国妇女发展基金会的大地之爱——母亲水窖项目等。其他近年来设立的、较为知名的项目，多数在中华慈善大会上获得年度“中华慈善奖”或提名奖。但还有一些全国公募基金会仍没有特别叫得响的项目，仍处于大灾时众志成城、统一步调忙救灾；而平日里跟风仿效或者设立项目领域宽泛、指向不明、创意不足，就显得主动性和责任感不够了。如此一来，其筹资的规模必定跟不上外界的需求，筹款来源的非多元化也增强了机构的依赖性，从而有碍基金会使命的有效完成。

新中国第一家公益基金会——中国儿童少年基金会成立已届30周年。[①] 这个旨在为贫困弱势儿童谋福利的慈善组织，从无到有、从小到大，在神州大地上生根开花、枝繁叶茂、生机勃发，大踏步走过了30年辉煌历程。中国儿童少年基金会在全国妇联、全国总工会、共青团中央、全国工商联等14个发起单位的支持下，恪守抚育、培养、教育儿童少年，辅助国家发展儿童少年教育福利事业的宗旨，不断创新慈善理

① 《关于中国儿童少年基金会主要工作成果和成立30周年纪念活动安排的报告》（2011年4月22日）。

念、拓展募捐渠道、拓宽救助领域，打造了“春蕾计划”、“安康计划”、救助贫困弱视儿童等一批有广泛社会影响力的慈善品牌和慈善项目，在儿童教育资助、环境改善、灾后救助、阵地扶持、文化哺育等方面，探索出了一条儿童慈善事业可持续发展的路子。截至2010年年底，中国儿童少年基金会共募集善款18.3亿元，项目惠及全国逾千万贫困弱势儿童。2008年，在民政部开展的首次基金会评估工作中，中国儿童少年基金会被评为5A级基金会。相信在儿基会的诸多知名品牌项目中，大家对其针对20世纪80年代末期，我国每年约有200万适龄儿童失学，其中三分之二是女童的特别情况，为了帮助贫困失学、辍学女童重返校园而启动实施的“春蕾计划”的印象和感触最深。20多年来，从资助义务教育阶段贫困女童，扩展到资助高中乃至大学贫困女生；从资助农村贫困女童，延伸到城镇下岗困难家庭儿童以及留守流动儿童；从关注资助对象的学业，到关照她们的身心健康和道德品质形成；从着眼于学校教育，到加大实用技术技能培训，“春蕾计划”的公益内涵日益丰富、助学视角不断拓展、资助范围更加广泛，形成了包括“助学行动、成才行动、就业行动、关爱留守儿童特别行动”在内的一整套救助计划。截至2010年年底，累计筹集资金10亿多元，捐建春蕾学校1000多所，资助200多万人次贫困女童，对40余万女童进行了实用技术培训，一大批春蕾女童已经成长成才，用知识改变命运、用贡献回报社会、用智慧创造未来。“春蕾计划”在维护女性受教育权利、提高女性乃至中华民族素质、捍卫男女平等基本国策等方面发挥了重要作用，被授予“中华慈善奖”，写进《中国人权事业的进展》白皮书、《中国儿童发展纲要》等政府文件，成为享誉海内外的著名公益品牌。

而其以帮助儿童“远离失学、远离疾病、远离伤害、远离犯罪”为目标，以儿童安全、健康两个领域作为工作着力点的“安康计划——儿童安全教育工程、儿童营养健康工程和儿童医疗救助工程”，同样是采用多元化发展模式，科学策划多个公益项目，动员社会各界力量共同帮助广大儿童特别是贫困弱势儿童改善教育环境、建立安全体系、提升健康素质，努力为儿童安全健康成长营造良好的社会环境。10年来，“安康计划”累计募集资金5.43亿元，在全国捐建多个儿童安全体验教室、安康图书馆、社区儿童德育中心，帮助近2700名贫困儿童治愈了弱视眼疾，资助3万多人次艾滋病致孤致贫儿童，为30万名孤儿和贫困儿童发放了儿童重大疾病公益保险。“安康计划”以它独特的感召力，致力改善儿童成长环境，特别是在安全和健康等领域。此外，其关注特殊困难儿童需求，扎实推进特色公益项目。如面向孤残儿童实施“恒爱行动”，使全国57.3万名孤残儿童都穿上了爱心毛衣；面向城市流动青少年实施“让我玩”体育公益项目，帮助他们学习生活技能、增强信心勇气、更好地融入社会；面向灾区儿童设立“中国儿童紧急救助基金”等，切实以儿童需求为导向，深挖特殊资源、拓展特定领域、开发特殊品牌，为不同儿童群体办好事，为儿童群体解不同难事。

可以预见的是，中国儿童少年基金会这种基于组织资源、组织战略与环境需求之间的互动，所发展出的一种适应业界主导需求的战略能力，以及其拓展的更多竞争优势源泉，对当前我国慈善事业的进一步发展将起到极大的推动作用。而且，它根据形势发展需要，通过举办亿万爱心献春蕾、中国儿童慈善活动日、安康计划西部行和东北行以及各种义演、义赛、义卖等一系列有规模、有影响的活动，在全社会大力传播“把爱心奉献给孩子们”的公益理念，营造全民关爱儿童、奉献爱心的良好风尚。中国儿童少年基金会率先开展“零钱慈善”募捐，在全国首家开通了“8858”（后改为10699958）手机公益短信、直邮募捐、儿童邮票附捐，还开辟了网络捐款、设置募捐箱等，让爱的涓涓细流汇成川流不息的大河。其中，手机公益短信募捐荣获“中国扶贫奖‘劝募模式创新奖’”，被海外媒体誉为公益史上的创举。该会在市场营销的理念、机制、方法、渠道等方面的独特的见解和独到的行为，证明其确实是在用心做慈善！

三、成熟期与专注优势

经历成长而变得成熟的组织生命过程，其不仅是一种量变，而且是一种质变。在这一阶段，品牌化经营战略、着眼组织核心能力、专注自我竞争优势，这三种竞争作用力将反映出一个组织的成熟程度。如前所述，让组织在业务上大规模扩张、急速迈进的步伐慢下来，根据在成长期所廓清、摸透、掐准的外部需求，进一步明确和强化组织的核心能力，专注于组织本身的竞争优势，从而保持组织内外的更紧密联系，始终坚持组织的使命、战略和核心价值观，围绕既有品牌进行控制性的多元化，而不是盲目将业务拓展到脱离本业领域、本身优势的那些外行领域。成熟期，项目已成为组织的代言人，品牌已成为机构的推广者，在竞争日趋激烈的情境中，成熟的项目设立及运作、成熟的品牌营造及传播的重要价值得以彰显，二者相辅相成、相互映衬。有两种情形需要说明，有的组织本身并不为人熟知，但其开发的优秀品牌项目的知名度却远高于组织本身；有的组织听起来名头很大，但能联想到的品牌项目寥寥无几。毫无疑问，后一种“只听楼梯响，不见人下来”的状态终难实现设立宗旨的承诺。

而且，进入成熟期的慈善组织，往往把多数常规性任务也予以项目化，如长期开展的奖励活动，对某个贫困地区长期的资金补助等。常规性任务项目化的好处有：从财务管理的角度看，有利于进行预算管理，节约成本，提高效率，实现内部资源的优化。从内部控制的角度看，有利于规划组织结构，确定岗位职责，评估绩效。从对外公开透明的角度看，有利于外界了解和评价基金会的工作成绩，提高基金会的公信力。

基金会的特点决定了项目运作是其基本的活动方式，应当用项目管理的思想来制订计划、组织资源、具体落实和评估绩效。[①] 实际上，正是一个个项目支撑了组织框架及其生命过程，从一定意义上讲，项目本身就是品牌，而已经项目化的常规性任务更是组织的核心品牌，它们是与其他竞争者相区分的特长领域及优势项目，能够长期为组织带来溢价、产生增值，这源于特定及潜在人群心智中形成的关于该组织、该项目、该品牌的印象和忠诚度。

成立于1987年的中国人口福利基金会，是我国人口领域唯一一家全国性公募基金会。其宗旨是坚持以人为本，关注弱势群体，增进人口福利与家庭幸福，促进社会和谐与生态文明。在其业务范围内，已经创设了中华人口奖、幸福微笑活动、生殖健康援助行动等20余个主要公益项目。其中，基金会重点关注着一个特殊的社会群体——贫困人口中的贫困母亲——那些为了家庭，为了孩子，默默地承受着一切困苦和劳累，却还生活在极度的贫困状态，口粮不足、缺乏收入来源，更享受不到文化教育、卫生保健等基本社会福利的母亲。1995年年初发起实施幸福工程——救助贫困母亲行动，并在基金会内专门组成了幸福工程组织工作委员会，以贫困地区计划生育家庭的贫困母亲为救助对象，围绕“治穷、治愚、治病”，采取“小额资助、直接到人、滚动运作、劳动脱贫”的救助模式，组织她们兴办生产服务项目，通过救助、培训、义诊等形式增强贫困母亲的脱贫能力。截至2009年10月31日，幸福工程已在全国29个省（区、市）建立446个项目点，投入资金6.59亿元，救助计划生育贫困母亲22.2万人，惠及家庭人口101万人。“幸福工程·救助贫困母亲行动”独特的扶贫对象和低成本、高效率的扶贫

---

① 参见葛道顺、商玉生、杨团、马昕：《中国基金会发展解析》，社会科学文献出版社2009年版，第42页。

模式，在扶贫和开发的实践中取得了可喜的成绩。中共中央颁布的《公民道德建设实施纲要》和国务院发表的《中国农村扶贫开发白皮书》等重要文件都对幸福工程给予了高度肯定。

一如商业机构的发展阶段，非营利组织也在经历着或经历了产品导向阶段、推销导向阶段及至消费者导向阶段，可以说，根据外界的需求变化，营销的本质理念一直在调整。然而，究其内核，无论其营销方式如何与时俱进，该非营利组织的组织核心能力和竞争优势是基本不大变动的。因此，还是要基于此而进行持续的品牌化经营战略或曰坚持走品牌发展之道。我国的非营利组织发展较为迅速，但在规模水平上还比较弱小，这不仅与组织专业程度低、资金筹集方式单一有关，还与其生疏的品牌战略及营销能力直接相关。其实，作为公益组织，非营利组织更是一个公共组织，需要埋头做实事，也需要精心做品牌。因为注重品牌的塑造和品牌力量的发挥，一方面将通过提高其知名度，有效地吸引社会各方面资金的注入；另一方面也将通过扩大其影响力，引导公众认知、获得社会信任，从而更好地发挥慈善公益组织本应担当的倡导作用和示范作用；同时，也反过来有助于提升组织的竞争力，并且进一步深耕厚植组织自身的优势领域。尤其是对那些已经度过艰难的初创期、快速的成长期的慈善组织而言，专注其竞争优势，不仅是其追赶国际知名NGO的起点，也是其进一步壮大它们的实力特别是打造组织软实力的重要基础。

无论是组织的品牌化发展战略，还是专注自我竞争优势方面，都需要全体员工充分理解、牢固建立核心能力观念。组织要在竞争中长期获胜，必须依靠核心能力。组织的成功来自于就既定使命和战略目标，认真析解、高度重视与其他组织不同的内部能力、资源和知识的积累，通过动员、组织、综合、协调和配置它所拥有的所有要素和从外界获得的资源，针对特定的目标全力开发，使组织具有自己的专长，而不是遍地开花、蜻蜓点水、浅尝辄止，才能反过来为社会的某一特定群体提供具有独特吸引力和特殊价值的核心产品。当然，核心能力并不是长久不变的，必须持学习的意识和开放的态度，主动地寻求、感知、洞察组织外部条件的变化，才能使组织在未来核心能力的竞争方面立于不败之地。

四、转型期与创新能力

伊查克·爱迪思给出的所谓贵族期组织的特征如下：资金被花在控制系统、福利措施和一般设备上；强调的是做事的方式，而不问所做的内容和原因；越来越注重形式，并拘泥于传统；“别兴风作浪，少惹麻烦”的处世信条；组织内部缺乏创新，并试图以兼并方式“买到”创新精神等。这诸多特征其实是从成熟期就开始出现的持重有余、创新不足的现象，对组织会产生长远的影响，最终必然会导致组织获取成效能力的下降。而且，由于组织在面对长期机会时反应不够积极，它对短期需求作出反应的能力也随之降低。组织虽然依然有成果，但却没有积极向上的氛围。目标越来越短期化，只关注唾手可得的成果反倒成了正常现象，甘于平庸的种子就此埋下。① 如若仍不开启创新的大门，营造鼓励创新的气氛，组织终将因与外部环境的隔离隔绝，而丧失组织既有的核心能力，丢却组织专有的竞争优势，组织也就死亡了。这一时期，唯有承认光环遗存、势头不再的现实，敢于坚持组织既有的使命和目标，勇于放弃那些老化不堪、浪费精力的非核心项目，全力整合组织尚能掌控的所有资源，寻求新的视野、感知新的机会、洞察新的能力，从而发掘出潜在需求，重新回到以绩效为导向的正确行动上去，依凭创新精神，而不是依赖传统、过去的经验或他人的判断，才能永葆组织的青

---

① ［美］伊查克·爱迪思：《企业生命周期》，赵睿等译，中国社会科学出版社 1997 年版，第 73 ~ 74 页。

春，使组织完成从优秀到卓越的光荣而又艰巨的跨越。

成立于1985年4月的爱德基金会，是一个由中国基督徒发起、社会各界人士参加的民间团体，致力于促进我国的医疗卫生、教育、社会福利和农村发展工作。爱德员工从最初只有3个人和2张桌子，到目前增加到40来名员工，每年捐赠收入也从最初的50多万元到现在近亿元，项目遍及全国31个省、市、自治区的200多个县市，项目受益人群达数百万人，每年有数十万人从中受益，迄今爱德共募集了8亿多元人民币的项目赠款以及大批捐赠实物。透过爱德基金会将近30年的成长历程，我们来感受到她的博爱精神及创新力。爱德是一个以项目为基础的机构，始终以满足基层百姓的基本生活生产需求为目标，雪中送炭，而不是锦上添花。

在1992年以前，爱德主要活跃在教育、社会福利、医疗卫生等领域。1993年中央提出“八七”扶贫攻坚计划之后，基金会考虑到国家的宏观形势和自身发展需要，将爱德的工作重点转向了中国西部和南部贫困地区的综合发展项目上。由此爱德从小到大、由近至远发展起来。项目领域从教育发展到医疗卫生、社会福利、防盲特教、农村发展、环境保护、妇女发展等各方面；从建水井、电灌站、沼气等小型扶贫项目，到开展农、林、牧、文化、教育、卫生等综合发展项目；从引进外教扩展到八大类、数十种公益项目，其中包括爱德祖母、社区康复、乡村医生培训、艾滋病预防宣传教育、薪火工程、重返校园、危校重建、社区综合发展项目、阳光生态工程、砍头树种植工程、小额信贷和法律援助等一批深受老百姓欢迎的项目。项目区域从成立之初主要在东部地区，到1993年开始重点转向西部大石山区、黄土高坡和少数民族聚居地区。这些转变始终瞄准社会需求，始终以满足群众的基本生活生产需求为第一要务。

根据社会发展不同时期的不同需要，对社会上出现的热点问题做出积极响应，设计和开发新项目，参与解决社会关注的“热点”问题，是爱德基金会的显著特点。就如在改革开放初期，当时全国的贫困人口高达2.5亿，爱德正是以扶贫济困、促进我国改革开放和社会发展为目的，顺应社会之巨大需求而成立的。20世纪90年代，在艾滋病对于绝大多数中国人来说还是很陌生的词汇时，爱德就在云南省开展艾滋病宣传教育项目。20世纪90年代末，当城市贫困开始引起人们关注时，爱德积极开展下岗女工培训、法律援助等项目。最近这些年，大量农民涌入城市，农民工子女受教育问题逐渐引起人们的关注，爱德则开展了一系列帮助民工子弟学校、改善民工子弟学习环境、提高民工子弟教育水平的项目。爱德的实践证明，需求决定存在，只要社会有客观需求，那么发现和满足这种需求的非营利组织就有存在的理由和发展壮大的可能性。因此，作为非营利组织来讲，必须时刻关注和研究社会的新需求，始终以满足这些新需求为首要任务。否则，非营利组织的存在便成为无源之水、无本之木，更谈不上发展壮大。

爱德一路走来，开展的很多具有开创性的项目也同样给我们以启发，如1997年有计划、有组织地资助师范专科学校骨干教师到国内重点大学进行为期一年的业务进修；1999年先后在五省的农村综合发展项目中较大规模地广泛运用参与式的社区发展思想和方法；2002年首次举办机构建设培训班；2003年由爱德基金会等18家机构共同发起的“跨国公司与公益事业高级论坛暨公益事业展示会”在北京举行，由世界基督教教会联合会（WCC）协调的爱德圆桌会议在日内瓦召开；2005年尝试开展海外青年志愿者国际交流项目；2007年首个以社区为基础的艾滋病综合防治项目在云南陇川启动，同年爱德慈佑院的职业培训基地——爱德面包坊成立；2008年爱德儿童发展中心（自闭症康复中心）正式成立，2009年与江苏省基督教两会成立江苏基督教爱心公益基金，同年8月爱德面包坊转型为以智障人士职业训练和庇护性就业为目标的社会企业，10月爱德社会组织培育中心正式揭牌成立；2010年以搭建南京市公益力量互动交流平台为目标的爱德第一期公益沙龙举行，同年并在云南省沧源县举办首届农民合作组织与少数民族传统文化保护研讨会……爱德本身也在迎接这些挑战中不断发展壮大。

爱德还注意通过组织内部建设来保证机构的灵活性和创新性，在员工队伍建设方面提出了“三C”要求，即爱心（compassion）、事业心（commitment）和专业性（competence）；在优化内部环境方面，也提出“三C”要求，即沟通（communication）、合作（cooperation）和创新（creativity），从而确保机构的发展和项目的拓展。此外，在引进援助资金的同时，十分注重引进国外的先进工作理念和方法充实项目工作。例如，爱德将国际上采用的参与式方法介绍到国内社会发展工作之中，并使其情境化，提出了群众、专家和政府“三个参与”的适合中国国情的参与式社区发展思想和方法，并将其运用到整个项目的全过程，得到了项目区群众、政府的广泛认同和国际合作机构的充分肯定。①

第三节　能力提升的路径

一、增强项目的有效性

由于项目范畴的广泛性，导致了人们对项目含义多元化的理解。其实，项目是为满足人们需求才产生的。项目开发一般从一个需求开始，进而产生一个构想。所谓有效就是构想对需求的满足。正确理解一个需求是前提和基础，而进入实质策划阶段之前要经由粗略设想、认真思

① 爱德基金会官网资料（www. amity. org. cn）。

考、系统分析等过程。对项目进行有效的调研、设计、策划和评估，涉及的问题和因素比较多，需要根据所针对目标的特征和所构思项目的性质，进行多方向、多层次的思维。

一般来讲，组织需要围绕需求展开五问：即（1）为什么要创设和组织这个项目，必需吗，急迫吗？（2）谁会从这个项目中受益，指向明确吗，切实吗？（3）这个项目将在何时启动，设定的周期长短呢？（4）在多大范围实施这个项目，具体地点确定在何处？（5）什么样的项目内容才能满足那个需求呢？对这五个提问作出回答后，项目构想才可能清晰，由此逐步确定项目的主题、目标及需要达到的效果。

在具体化项目时，无论是资助型还是运作型的慈善机构，均需要考虑两个方面的因素：其一，是否可以表现出主题；其二，是否可以实现。其中，前者是衡量项目是否有用的最直接标准。特别是那些在资金方面较为缺乏的草根慈善组织，要更加重视项目开发阶段，能否开发出运作领域和受益主体都具有很强针对性的项目，是其日后顺利开始及成功实施的保障。

二、找准开发的着眼点

慈善组织多把项目工作作为事业发展的重要依托，以项目创立带动全局，形成项目梯次推进的格局。一般地，成功的项目是和组织资源、外界需求和市场策略联系在一起的。当然，正如我们从许多项目中看到的，组织特征能得到充分反映，而外界需求则可用来创造不同之处，正如同1989年创立的中国青少年发展基金会“希望工程”项目在同中国少年儿童发展基金会“春蕾计划”项目的错位发展中得到的那样。导向成功的标志是，随着市场的变化而深化策略，促使公众认为你的项目很优越、很有意义，并按组织希望的那样去做（如增加目标群体对项目品牌的忠诚度和更多参与等）。

记住项目开发的三个着眼点，即组织资源、外界需求和市场策略。组织资源说明的是组织是做什么的，在哪一方面是独具优势的；外界需求说明的是在对社会公众和目标群体的界分和锁定的基础上，组织对他们的反应和项目对需求的反应；市场策略则是指要从具体问题出发，梳理出那些最符合组织的元素，致力于契合社会需求的项目领域开发，运用一种更吸引人的方法来定义项目、诠释概念，使组织开发的项目变得易懂、易于接受，从而创造出组织与外界密切相关、和谐统一的强烈印象：经验惯性、直觉行动和无形的想象力。

三、让营销发挥作用

慈善组织也是一样，你也助学，我也助学，你在扶老，他也在扶老，靠什么来吸引捐赠者的关注，凭什么来维系合作者的关系，就需要进行思考和学习包括 NGO 在内的经济社会组织和市场营销关系的理论，尽速付诸实践。科特勒等学者指出，NGO 市场营销实际上是以商业市场营销的原则及技巧为基础，以达致影响目标对象自愿接受、拒绝或放弃某种行为为目标，来换取整个社会、社群及个人的利益。

英国营销专家卡伦·比米什认为，上个世纪末以来，由于慈善机构的数量和其举办的活动日益频繁，慈善领域竞争越来越激烈。为了生存并实现组织宗旨，慈善机构和诸多营利性组织一样，也不得不以市场为导向，进行市场营销。但是，慈善机构的市场营销与营利性组织的最大不同，在于追求的目标和组织宗旨的差异。商业机构营销最终仍是以利为主，而非营利组织施行市场营销旨在推广使命及愿景，以凸显机构的独特性；旨在向目标对象推广服务或产品，而不是企盼能涵盖所有的人；旨在扩大支持者人数，使人们对机构给予更强认同和更大支持；旨在有效传播管理机构的形象、观感及印象，努力将自己建成为一个有问责精神的机构；旨在促使目标对象作出响应，推动行为改变，令目标对象及整个社会受惠。[1] 市场营销作为一个重要观念，已经处于现代组织经营管理的核心地位，因为它在实际上已经起到沟通组织内外、连接组织上下、整合组织资源的作用，使人们首先要着眼于市场需求，由“我提供什么”向“您需要什么”转变；其次专注于核心能力，从“随大溜从众行为”变得“别出心裁与众不同”；最后致力于合作网络，从“我来为你提供”转向“咱们合作开发”，真正发展出契合科特勒“全方位营销”意涵的、与时空背景相融合的全新模式。

四、突出营销的针对性

“为非营利组织的服务项目设计合适的营销策略是首要的基本战略任务：非营利组织需要市场知识，需要制订一个长期和短期目标都明确的营销计划，即需要承担起营销责任，需要严肃认真地满足客户需求。这不是说我们知道什么东西适合他们，而是要知道什么是他们认为有价值的东西以及如何把这些东西送到客户手中。”[2] 因此，需要针对个人、企业、政府等不同的目标主体，从他们各自的特点和不同的需求出发，制订相应的策略、设计不同的项目：[3]（1）个体捐赠者主体意识强。他们关注的是受助者是否真正需要帮助，捐助款能否全部完整地到达受助者手上以及救助的效果。因此，劝导人们捐赠最好的办法是领着他们到贫困的项目点考察访问，让他们亲自体验，充分了解项目的具体情况。捐款人与受益群体越接近，越容易主动捐款。个体捐赠者比较适合“一对一”捐款，中国儿童基金会的很大一部分来源于个体捐赠者，那些捐赠者在捐款的几年内能明显地看到受助对象的成长和进步。（2）企

---

① 萧美娟、林国才、庄玉惜：《NGO市场营销、筹募与问责：理论与操作》，社会科学文献出版社2005年版，第5~13页。

② ［美］彼得·德鲁克：《非营利组织的管理》，吴振阳等译，机械工业出版社2007年版，第45页。

③ 张祖平：《中国慈善组织资金筹集问题研究》，载《社团管理研究》2011年第1期。

业本身是以营利为目的的组织，一味地要求企业履行社会责任，持续地捐款是不现实的。最好的募捐方法是将企业捐赠融入企业战略，符合企业目的。企业捐赠的目的有改善公司形象的，有提高员工士气的，有改善与顾客关系的，有增加产品销售的，有获得更多媒体关注的。慈善组织应该针对企业的不同目的，展开募捐。比如以婴儿用品为主的强生公司把活动目标集中于儿童安全方面，生产化学用品的杜邦公司侧重于对公益环保方面的投入，都获得了极好的效果。（3）争取让政府购买公共服务，以服务换资金。随着社会的发展，慈善组织对于经济及社会良性运行和协调发展的作用已经越来越被政府所认识，政府的许多公益服务项目分包给慈善组织实施，慈善组织通过承接政府的公益项目而获得政府的资金。这种方式将充分发挥慈善组织根植于社会、贴近社区，对需求反应迅速、运作机制灵活、专业技能丰富、人力资源独到的组织优势，为社会公众特别是那些弱势群体提供多样化、人性化的公共服务。从某种意义上讲，慈善组织将由此获得政府和社会的双重支持。

第四章　公共关系及合作能力

长久以来，慈善组织以提供高质量的产品和服务为目标，通过组织内部建设和自身素质能力的提高，进一步强化优势领域并在其中游刃有余。然而，竞争和时代的变化正在挑战这一传统运行方式，环境的复杂性和慈善需求的快速变化也要求我们找到一种新的思维方式，即通过合作去应对正在改变着的组织环境，进而开创出迥异于常规形式的有利形势。本章就将视角再次转移，拟从组织外部选取政府、企业、民众、媒体、同业等维度，探讨慈善组织的外部合作能力建设，展示组织生存发展的更广阔空间。

第一节　基本理论

一、公共关系知识

公共关系（Public Relation）这个语词，相信大家在刚看到时就已经有了自己的理解，除去科班出身人士，有相当一部分是从拉关系、搞销售甚至更加庸俗的职业角度去理解和使用“公关”一词。那么，公共关系（简称公关）的内涵是什么，有什么作用，主体是谁；应当建构什么样的公共关系以及怎样去建构这种关系呢？笔者将按照一般的定义，并结合自己的理解，或从慈善组织的公关角度，来解构公共关系。

第一，人们一般将组织与社会公众之间相处和交往的行为和状态，称之为公共关系。我们认为，这里的关键词是社会公众，即除去组织内部员工的、可能与该组织有所关联的那些组织、集体或个人，当然包括政府、兄弟单位、合作伙伴，抑或是竞争对手。也就是说，慈善组织作为非营利机构这一本质，决定了它必须与其周围的各种“公众”建立良好的关系。

第二，公共关系不仅担负着塑造组织形象的一般任务，即某一组织为促进产品和服务的“销售”而进行的对公众的信息传播、与公众的关系改善等。在当今情势下，它已经成为（慈善）组织整体功能中的一个有机组成部分。也就是说，公共关系直接承担着建构而不只是改善与社会公众关系的任务，还要在促进公众对组织的认识、理解及支持的同时，达到巩固和拓展组织更广阔发展空间、形成和发展更广泛“统一战线”的总体效果。

第三，鉴于以上功能认识，公共关系的主体当然不仅是组织专设的公关部、事务部或联络部，组织的其他部门都需树立起“人人都是形象、人人都要公关”和“公共关系也是生产力”的观念。特别是领导层，更要从全局和战略的角度加以认识，协调所有部门、统筹所有资源，在组织内部形成一种浓厚的公关氛围。因为，公共关系涉及组织管理的目标、战略、计划、方法、项目、环境等各种因素，所以全部人员都是主体，而不是局限于部门分工。这样，才能体现组织整体的社会效应和公共形象。

第四，作为一种影响和制约着组织行为的观念哲学，围绕公共关系，组织应当形成和树立一系列意识和观念。如整体意识、公众观念、公共精神、共赢观念、合作意识、形象意识、责任意识、大局意识、长远意识、服务意识、传播观念、协调观念等。总之是作为组织长期发展战略的一部分，主动地、经常地、积极地争取相关组织和公众个人的理解与接受，这也是公共关系与其他单纯宣传组织形象的行为之间的区别。

第五，慈善组织更要坚持真实真诚这个现代公共关系工作的基本原则。自从“现代公关之父”美国人艾维·莱德拜特·李提出讲真话的原则以来，真诚、真实、真相便一直是公关工作的不二信条。我们还认为，无论是对新闻媒体、社会公众，还有合作伙伴、目标群体等，都要强调真实原则，要求包括公关人员在内的组织所有人员都要实事求是地、负责任地向外界提供真实信息，以取得各方面的信任和理解，从而有利于组织的长远发展和持续进步。

二、治理理论的启示

无论是作为一种学术理论，还是作为一种政治实践，治理（governance）在当今西方社会都具有较大影响。每一个国家都试图采用治理理论作为提高管理公共事务有效性的新途径。治理是指各种公共的或私人的机构及个人管理其共同事务的诸多方式的总和。它具有四个特征：治理是一个过程；治理过程的基础不是控制，而是协调；治理不仅涉及公共部门，还包括私人机构；治理是一种持续的互动。[①] 直言之，治理就是各种机构及公民个人在公共生活领域的合作管理。这突出反映在三个方面：

一是在社会关系的本体意义上是由单一转为多元。显然，在错综复杂、纷繁多变的现代世界，已经没有哪一种力量能够成为某个领域的单一主体。具体到慈善领域更是如此，无论是强势的政府，或是代表政府

① 俞可平：《民主与陀螺》，北京大学出版社 2006 年版，第 81 页。

由政府推动抑或直接支持的公募基金会，还是由私人或企业出资成立的非公募基金会，都不可能涉及所有的业务、覆盖全部的区域。从这个意义上讲，多元已是客观存在，各种机构作为参与者最终将形成一个网络，一个多中心的网络，一个自组织的网络。慈善事业需要认识到这一社会背景和进程，主动建构起“统一战线”推动发展。

二是在社会行为的过程意义上是由单向转为互动。这主要是相对于政府统治的方式而言的。我们知道，政府权力运行方向总是自上而下的，它运用政府的政治权威，通过发号施令等对社会公共事务实行单向度的管理。与此不同，治理则是一个上下互动、左右联动的行为过程，它主要通过合作、协商、伙伴关系、确认认同和共同的目标、发起和倡导公共活动等方式实施对公共事务的管理。① 从这个意义上讲，在慈善事业的未来发展中，慈善组织要有互动策略，特别是要善于提出问题、把控方向、设定议题、影响进程等，并意识到这个过程的持续性和多次博弈。

三是在社会行为的状态意义上是由单独转为合作。这里我们仅引述治理理论权威格里·斯托克的两个论点：治理意味着在为社会和经济问题寻求解决方案的过程中，存在着界限和责任方面的模糊性，国家与社会之间、公共部门与私人之间的界限和责任日益模糊不清；治理明确肯定了在涉及集体行为的各个社会公共机构之间存在着权力依赖，为达到目的，各个组织必须交换资源、谈判共同的目标，交换的结果不仅取决于各参与者的资源，而且也取决于游戏规则以及进行交换的环境。② 由此，现代慈善组织必须认识到建立在社会结构、市场原则、公共利益和规则认同之上的合作，不再是单打独斗和零和竞争，合作

① 俞可平：《民主与陀螺》，北京大学出版社2006年版，第82页。

② 俞可平：《民主与陀螺》，北京大学出版社2006年版，第80页。

共赢不可逆转。

三、非营利组织问责

如上所述，随着多中心治理格局的逐步建构，非营利组织在社会公共价值的界定与分配过程中发挥了越来越重要的作用。由此也引发了人们对非营利组织问责的关注与需求：NGOs 的行为必须符合宗旨；NGOs 必须确保资源不被滥用，而是用于自己承诺的方向；NGOs 必须证明自己不是“挂羊头卖狗肉”的骗子；NGOs 必须能够证明自己的工作更有效率；NGOs 应该确保所宣称的公益活动对外公开，而且能接受公众的质询；公众应该有机会知道一个组织都在做些什么，并能对其进行提问，而且得到满意的答复……这些是今日中国 NGOs 问责的基本含义①，更是当前社会公众对这个极为敏感的领域的质疑和担忧。

“问责”一词是一个舶来品，对应的英文单词是“accountability”。从字面上看，其有说清楚、交代、负责任、追究责任的意思。在香港被译为“问责”，在内地也被翻译为诚信、负责、公信力。问责作为一个过程，涉及如谁来问责、谁被问责、对什么问责、如何问责、问责在什么层面上运行等一系列至关重要的问题，而透明（信息透明是最基本的要求）、制裁（问责即意味着奖惩）、回应性（问责对象有回答和解释的义务）将是有效问责的核心概念。笔者认为，在当下中国，公众对非营利组织的问责更倾向于对其社会公信力的强调，而非更多的政治化视角的打量。

笔者比较认同《非政府组织问责：政治、原则与创新》对 NGOs 责任的分类。该书认为：“NGOs 的责任可以粗略分为三类。第一是组织

---

① ［美］丽莎·乔丹、［荷兰］彼得·范·图埃尔主编：《非政府组织问责：政治、原则与创新》，康晓光等译，中国人民大学出版社 2008 年版，译者前言第 4 页。

层面的责任，包括决策及财务的透明、执行效率以及在法律限定的框架内以透明的方式运作。然而，后一种责任是假定NGOs在普遍的权利得到尊重的情况下运行的。第二是嵌入到NGOs使命中的责任，例如，推动穷人和儿童的权利，消除饥饿或者拯救环境。第三是面向影响着NGOs或参与到NGOs活动中的不同利益相关者的责任。”① 此外，Koppell关于问责的概念也比较符合当前中国慈善事业所处的发展阶段，他从非营利组织自身出发，强调了组织以其透明度、义务、控制能力、责任感及响应力，寻求组织存在的合法性及合理性证据的努力。由此带来从内外两个角度对组织的社会问责和内部问责：社会问责指非营利组织对自身使命、宗旨和筹集到的公共资源效用的社会交代，释放出的是公共责任的履行信息，其回应的是组织的多方利益相关者，包括对组织感兴趣的媒体、公众、政府等。内部问责指组织成员对其项目执行工作体现出的专业性与效能的说明，强调的是组织管理责任，包括了员工与管理人员、管理人员与理事监事间的责任交代。在各类组织日益关注社会责任的今天，非营利组织应当在积极对外营销、树立良好形象的同时，通过强化内部问责改善管理绩效，改变长期以来人们对其管理业余性的指责，将社会问责和内部问责有机结合起来。②

第二节　慈善组织与外部合作

非营利性和营利性组织（企业）的一个最基本的区别在于：典型的非营利组织拥有更多至关重要的关系网络。除了极具规模的企业，其

① ［美］丽莎·乔丹、［荷兰］彼得·范·图埃尔主编：《非政府组织问责：政治、原则与创新》，康晓光等译，中国人民大学出版社2008年版，第4～5页。

② 于常有：《非营利组织问责：概念、体系及其限度》，载《中国行政管理》2011年第4期。

他所有企业所涉及的重要关系很少——也就是员工、顾客和业主这些了。而非营利组织却有很多利益相关者，并且必须与每一个都处理好关系。[①] 这是彼得·德鲁克关于非营利组织管理的基本观察结论之一。他并且把董事会（成员）作为关系网络的首要角色——不仅是使命监护者，同时因为其在募集资金上的积极带头作用；之后是其他的利益相关者，如员工、社区居民、捐赠者、志愿者等双向关系网络。关于董事会的角色和作用，我们已在第二章从组织与制度建设能力的角度进行了阐述。本章围绕慈善组织与其他利益相关者的双向关系网络继续思考。众所周知，慈善组织所拥有的广泛社会支持中，不仅包括了捐赠者和受益者，还包括政府的相关支持、企业的资金支持、社会公众和公民个人的支持参与，媒体资源的支持利用以及与其他慈善组织的合作和相关专业机构的帮助等。

一、慈善组织与政府关系

“在一个‘行政主导型社会’里，政府垄断着各种稀缺的资源，NGO 与政府的合作正是获取政府所掌握的各种资源的过程。资金、组织体系、官方媒体、登记注册、活动许可、政府领导人、影响决策的机会，这七种资源类型构成了 NGO 与政府合作中所获取的最普遍、最重要的政府资源。”[②] 因此，在现下中国，包括慈善组织在内的 NGOs 要想发挥应有的功能，不但不能远离政府，而且还需要积极与之接触，甚至与之开展广泛而紧密的合作。知名学者康晓光等就选取了 17 家在与政府合作方面具有成功经验的 NGO 作为样本，分析了合作的必要性和策

① ［美］彼得·德鲁克：《非营利组织的管理》，吴振阳等译，机械工业出版社 2007 年版，第 126 页。

② 康晓光、郑宽、蒋金富、冯利：《NGO 与政府合作策略》，社会科学文献出版社 2010 年版，第 11 页。

略的重要性，并结合案例对合作策略下属的各种合作措施的实际运用展开描述，梳理并归纳了了解合作的外部环境、寻找双方的利益交叉点、多方寻找合作突破口、表达合作意向、获取合作方信任、精心设计项目、合理分工、踏实做事、分享合作成果、完善合作关系等十个方面的合作策略。

比如，以北京惠泽人咨询服务中心通过与政府在社区矫正上的合作解决了社区进入问题为例，说明了仔细研究国家的相关政策，主动了解政府的需求，可寻找到双方的利益交叉点。北京作为司法改革的三个试点地区之一，于2003年7月1日开始社区矫正工作。乍开始，惠泽人并没有留意这条消息，因为他们平时的工作领域与司法并不相关。7月底，有一则新闻报道说北京开始做社区矫正工作，司法部门在工作中遇到的最大困难是缺乏具有心理咨询背景的志愿者，他们急需这样的专业人才。而惠泽人恰好拥有丰富的心理咨询经验的志愿者资源。该中心负责人意识到这是惠泽人可以做的事情并且可当做有所作为的契机，由此确定了中心与司法部门双方的利益交叉点。因为社区矫正的服务对象是社区服刑人员，通过社区矫正上的合作惠泽人成功介入社区。

再如，四川省绿色江河环境保护促进会以项目建议书和调研报告的形式向政府部门提建议，并在每一份报告书的后面都写有“可否，请回复”这样的结语，以获取政府对自己建议或报告的正式批复，从而建立双方合作的渠道。这种策略的好处在于可以促使政府给出明确的答复，同时也表明了NGO的急迫心情。《NGO与政府合作策略》一书还通过北京富平职业技能培训学校与政府扶贫办的合作以合同的形式固定下来的例子，以及贵州GD发展研究所与贵州劳动卫生职业病防治所、习水县医院三家联合的例子，建议当项目进入执行环节，可以签订协议或建立合作关系的方式，使双方对相应的权利和义务更加明确，从而促使合作的规范化，使合作不随着私人工作关系的变动而发生变化。

此外，在与政府打交道的过程中，要注重政府参与，并尝试按照政府日常的行为方式去沟通交流，如主动跟政府联系、经常汇报工作，召开有相关政府部门和领导参加的各种类型的项目协调会，逢年过节的礼节性拜访，利用各种场合结交政府官员等，真不能小视这些看似与NGO 行为方式不太合拍的“润滑剂”行为。北京农家女实用技能培训学校争取北京市教工委专项基金的例子，就强调了该笔筹款及其落实都利用了变通的方式。笔者想强调的是，NGOs 要善于发现、善于使用专项基金——这是中国财政的一个特色，专项基金是指利用政府部门资助、国内外社会组织及个人定向捐赠、社会团体自有资金设立的，专门用于资助符合社会团体宗旨、业务范围的某一项事业的基金，这一基金是专款专用，一般由第一负责人批准即可。

收获了成果怎么办？长春心语志愿者协会、青岛小陈热线、陕西省妇女理论婚姻家庭研究会等一系列例子，展现了 NGO 与政府分享合作成果的利好和智慧，而且这也确实体现了互惠互利和持续改进的原则。

有学者采取结构功能与角色作用、独立自主与结构依赖的分析框架，从宏观社会环境与微观慈善组织等层面的角度分析政府与慈善组织关系模式的变化，尝试性地将政府与慈善组织关系的“理想模式”概括为父子、主仆、朋友、伙伴四种基本类型。“父子”说明政府与慈善组织之间是血缘和家长关系。也就是说，二者共同组成以血缘为基础的血缘共同体，慈善组织主要扮演“新生儿”角色，资金来源单一化和政府化，且不愿自立门户，基本是政府机构的工具性替代角色，慈善组织在整体上和结构上绝对依赖政府。“主仆”说明政府与慈善组织之间是主仆和庇护关系。也就是说，二者共同组成以业缘为基础的利益共同体，慈善组织主要扮演政府助手和服务员的角色，开始具有相对独立的自主权，资金来源渠道日趋多元化，筹资方式也日趋多元化和市场化，在社会倡导、动员组织、宣传教育和中介服务方面已相对独立自主。“朋友”

说明政府与慈善组织之间是同伴和互助关系。也就是说，二者共同组成以兴趣为基础的兴趣共同体，慈善组织主要扮演政府朋友和非正式支持者的角色，二者形成了相互支持的网络化组织体系，政府的职责范围、角色功能与慈善事业的范围边界日趋明确清晰，功能的互补性、相关性、对应性和一致性程度日趋提高，慈善组织的民间性、独立性、非营利性和组织实体性不断增强。“伙伴”说明政府与慈善组织之间是独立和平等关系，是二者关系的最高阶段。也就是说，二者共同组成以制度为基础的制度共同体，慈善组织结构功能将完全实现现代化，政府与慈善组织制度化且平等互惠的伙伴关系将主要体现在合理化的社会组织结构、综合性与全面性的社会功能以及专业化与职业化的慈善服务领域。[①] 笔者认为，这种分类不仅为我们观察、理解政府与慈善组织关系提供了理论视角，还在某种程度上帮助慈善组织主动去界定他们与政府的关系正处于哪一阶段，以及下一步推动与政府的关系朝着哪个方向发展。

二、慈善组织与企业关系

正处于社会结构转型与经济社会现代化进程中的中国，以社会大众和公民个人为直接劝募对象的效果还不显著。因此，慈善组织能否与企业建立良好的关系，并通过各种方式取得企业的理解和支持，在组织发展中特别是在创办初期至关重要。当把企业作为筹募对象时，慈善组织必须注意两点：首先是要理解企业一般是在商言商，它们关心的是捐助能为自己带来什么好处，而且，它们普遍认为捐助只是战术性的行动，有助于建立公共关系而已。因此，慈善组织在邀请企业捐助时，要反过来想想，究竟自己可以提供什么与企业交换，有没有能力帮助企业提升

① 刘继同：《从“父子”关系到伙伴关系：转型时期政府与慈善组织关系模式的战略性转变》，载田玉荣主编：《非政府组织与社区发展》，社会科学文献出版社2008年版，第41~55页。

知名度、建立正面形象与税项宽减？其次，要明白企业需要对股东负责，在决定捐助时大都保守，政治化或具有争议的议题如争取人权等敏感议题，较难获取支持。切记在任何情况下均应以机构理念为主，赞助为次，不要本末倒置，牺牲了信念和理想。

管理学大师迈克尔·波特在《哈佛商业评论》一篇著名的论文《企业慈善活动的竞争优势》中，对现代企业介入或从事慈善活动的蜕变过程作了很有指导意义的阐述，我们转录于此供大家参考。他认为：首先，企业传统的慈善捐赠活动主要是对公益活动提供金钱援助，或促进一些公众认同的社会事业，例如救死扶伤、兴校助学等。它们往往建基于企业家和雇员的个人喜好和道德期望，因此多是随意性的和短期性的，并不一定具有清晰的机构目标和长远的推行策略。其次，很多企业已开始把传统的捐款活动逐渐转化成为更有系统和更有意图的公众形象活动，将公益事业和产品广告、营销活动结合起来，使慈善活动变成市场推广和盈利计划的一部分。这种刻意为之的“大慈善家”企业形象，对消费者的影响力正趋于饱和，并面对不同企业间同类型活动之间越来越强烈的竞争。最后，为了突破上述困局，部分企业已越来越重视捐款活动的比较优势，着手设计更有远大视野和使命感的公益计划，长远地影响企业身处的外部经营环境，甚至是公众的思想文化模式，从而推动新的企业捐款文化，使自己在市场竞争环境中脱颖而出。而且，企业具有更长远的视野和规划将有利于它们与公益性组织或是 NGO 建立更密切和长期的合作关系，捐款活动的性质亦将更趋于专业化和系统化；对慈善组织或 NGO 来说，亦能得到更稳定和长期的支持，同时能更了解企业的运作模式和规律。① 也唯有如此，才不致在与企业的互动中，或

① 萧美娟、林国才、庄玉惜：《NGO 市场营销、筹募与问责：理论与操作》，社会科学文献出版社 2005 年版，第 129～131 页。

操之过急、进退失据，或急功近利、失之桑榆，甚至是失却原则、得不偿失。

为防止或避免因资金筹措问题而陷入“让使命屈从于资金筹措”困境的可能性，另一位管理学大师彼得·德鲁克开出了一剂药方：这就是非营利组织的领导者现在把基金筹集（fund raising）改为基金发展（fund development）的原因。基金筹集意味着由于资金需求巨大而端着碗钵四处化缘，乞求施舍；基金发展则是创建那些支持组织活动并认为那是有价值的捐赠团体，这意味着发展我所讲的通过捐助来参与组织活动的会员关系网络。促成基金发展的第一个相关团体当然是组织的董事会——其成员不仅本身是大度的捐赠者，而且还是积极的基金筹措者，即基金发展者——需要的是那种在筹集基金过程中能起积极领导作用的董事会。[①] 实际上，与企业建立长远关系并不必须揽其入董事会，完全可以其他名义如顾问、合作、支持、赞助、冠名等方式，对双方的关系进行准确界定，以寻求影响企业行为的不同方法。如在全国各地开展多年的“企业冠名基金”以及近来纷纷启动的“企业留本捐息冠名基金”等，即是较为灵活的慈善行为方式。“冠名基金”募集方式为：根据捐赠者要求，以企业或个人名称或捐赠者提出的符合相关规定的名称冠名捐赠资金。冠名企业或个人只需在每年最少捐出一定金额就可拥有慈善基金冠名权，该基金将可用于助医、助学、助困、助残等慈善救助。具体的认捐方式，既可一次性全额注入，也可按协议在期限内分期分批注入。基金正式成立后，捐赠人可与慈善机构共同约定所要救助的对象和方式。而“留本捐息”募集方式，则是为了鼓励更多企业认捐，以企业名称冠名后，本金留在企业运作，企业在双方认同的年限内，每年向

---

① ［美］彼得·德鲁克：《非营利组织的管理》，吴振阳等译，机械工业出版社2007年版，第46页。

慈善机构捐赠基金总额的某个固定百分比利息，作救助之用。同时，慈善机构把每年实施的救助情况向冠名企业汇报，接受监督。这也是大多数企业比较青睐的方式，因为这种方式较灵活，且比较长效稳定，不伤害企业运作，是一种双赢的模式。

企业通过慈善组织进行捐赠这种慈善行为方式大家早已熟知，企业成立基金会直接进行慈善捐赠的慈善行为方式目前也大量出现。有统计表明，国内80%以上的非公募基金会都以企业基金会方式注册，而且企业基金会的增长速度远超公募基金会。有学者①根据成立基金会的动机和目的差异性，把国内的企业基金会分为三种类型：短期功利型、战略慈善型和公共利益型。短期功利型的企业基金会往往喜欢打着基金会的旗号资助各种社会公益项目，以期望获得比做广告营销效果更优的商业推广最大化；战略慈善型的企业基金会使基金会重要项目与公司市场战略密切相关，在从事公益慈善活动的同时，也达到强化公司品牌、提高商品和服务的美誉度的商业效果，国内许多跨国公司基金会大多属于这一类型；公共利益型的企业基金会，纯粹以追求人类进步和社会福祉为目标，不会涉及公司的任何商业利益。随着国内捐赠免税相关立法和国际逐步接轨，税收优惠也开始驱动更多的民营企业家成立非公募基金会。

2008年12月，财政部、国家税务总局和民政部联合下发的《关于公益性捐赠税前扣除有关问题的通知》指出，符合条件的非公募基金会可以申请税前扣除资格。该法规首先表示，非公募基金会在接受捐赠时可以开具免税证明，但个人或企业直接向受助对象的捐赠目前还得不到免税证明。像福耀玻璃董事长曹德旺就提出，他之所以成立企业基金会，一方面希望自己今后能按照理想的方式和效率投入认可的社会公益

① 马向阳：《企业基金会：中国式探索》，载于http：//www.chinavalue.net/Blog/371761.aspx。

慈善项目；另一方面，又能规避以往直接捐赠受助对象无法解决的免税问题。

营销名家菲利普·科特勒关于“公益型市场营销”的慈善行为理论指出，成功的公益事业关联性营销活动能够帮助企业实现慈善捐赠和商业利益的双赢，获得互相呼应、相得益彰的协同效应。科特勒认为，企业进行慈善捐赠行动不妨思考一下这六方面的原则：（1）选择支持少数的社会主题；（2）选择当地社区关心的主题；（3）选择可以与企业的使命、价值观、产品和服务协同配合的公益事业；（4）选择有能力支持经营目标的公益事业；（5）选择关键群体关心的主题；（6）选择能够得到长期支持的公益事业。反观国内为数不少的企业基金会依旧遵循“经商就是拼命赚钱、捐赠就是无偿奉献”的“支票簿”模式，把企业的经济目的与承担社会责任的要求完全隔离开来，常常陷入要么无所作为、要么事倍功半的两难境地。用迈克尔·波特的话来说，“在一个充满了开放的、以知识为基础的竞争的世界里，这代表着一种越来越落伍的观点”。[①]

三、慈善组织与社会公众

目前中国大多数慈善组织还是主要依赖企业捐赠、政府资助，社会公众或平民个人在慈善事业发展中的作用还有待进一步提高。统计显示，目前中国的捐赠中，来自个人的捐赠只有14%，其余86%来自企业和机构。而在慈善事业比较发达的国家，个人捐赠占80%以上。2010年12月，广东省人民政府和中国扶贫基金会共同主办的2010全民公益启动大会暨全民公益（广东）论坛所倡导的就是要积极探索加快

① 陈宏辉：《慈善捐赠：从企业家的良心发现到企业的战略性选择》（http://www.chinavalue.net/Finance/Blog/2009-10-12/218273.aspx）。

公益事业发展的新路子，在全社会营造关注公益、关心公益、参与公益的良好氛围，推动全民公益事业的发展。中国扶贫基金会秘书长王行最在论坛上表示，中国普通老百姓的认识依然存在误区，认为慈善事业是大企业家、富豪的“专利”，加上我国慈善事业透明度不高、参与渠道不顺，导致普通百姓一直没有成为慈善事业的主体。而纵观发达国家，慈善事业走向普通老百姓是必然的趋势。此次活动的目的之一，就是探索公民慈善意识的培养和普及道路，发动全民参与公益活动。

关于平民慈善如何走向常态化制度化，江苏省泰州市民政工作者张华林同志对此有进一步的思考。[①] 他指出普通百姓参与慈善事业有三个特点：一是人数多，有着巨大的潜力和影响力。二是生活普遍还不富裕。医疗、住房、养老、子女上学等民生问题压力大，一般人不可能一次拿出很多钱来捐赠。三是大部分人有着朴素的将心比心、扶贫济困的道德水准。影响我国平民慈善的因素是多方面的，其中包括慈善事业政策体制、公众的慈善理念、社会捐助网络、经济能力、慈善习惯和慈善机构自身建设等多个方面。目前尚处于初级发展阶段的平民慈善，主要存在四个缺少：缺少宣传发动平民参与慈善的浓烈氛围，许多平民认为慈善是有钱人的事；缺少贴近、方便平民行善的基层组织，捐赠的门槛较高；缺少平民参与捐赠的灵活形式和渠道，平民参与捐赠的互动性、便捷性差；缺少平民参与慈善监管的制度和措施，透明度不高等。

针对这些问题和平民慈善特点，首先，慈善组织要注重挖掘和提高向平民宣传慈善的针对性，注重培养和宣传平民中的慈善典型，注重创造和策划能够让平民参加的慈善活动，只有突出向平民宣传的重点，才能激发平民捐赠热情。其次，要加强经常性捐助工作站（点）和慈善

---

① 张华林：《关于平民慈善走向常态化制度化的思考》，载《社团管理研究》2011年第3期。

超市等社区慈善组织或其他基层分支机构的建设，只有形成了纵向到底、横向到边的社会捐助网络，才能够方便平民捐赠。再次，慈善组织要选择适合平民的经济、工作和居住地等特点的捐赠或行善形式，比如广泛动员平民经常性小额募捐（小额募捐应当是平民募捐的主要方式），慈善组织在设计捐赠项目时（如试行开展“爱心卡”捐赠方式），注意将捐赠额度划分为不同的捐赠档次，供捐赠者根据自身情况自愿选择捐赠档次；比如创造多种形式方便群众就近就地实施捐赠，只有方便平民就近就地实施小额捐赠，才能够广泛募集慈善资金；比如以捐赠时间和服务为主的义工服务，应该成为当前平民慈善行为的一种新形式，也只有促进志愿服务经常化、制度化和规范化，才能够促进平民慈善的常态化。最后，慈善组织要尊重平民捐赠者的知情权、监督权，加强慈善监督，比如山东省济宁市慈善总会 2007 年开始建立的“慈善公开周”暨“慈善开放日”制度，能够在现场摆放财务账目、原始凭证、捐赠救助款物发放监督跟踪卡和审计报告等材料，主动邀请社会各界检查评议，工作人员现场解答咨询，使慈善监督公开化，把平民捐款放在一只“透明的玻璃口袋”中阳光操作，让捐赠人放心，从而有效促进了慈善工作的规范开展。市民普遍反映：“透明公开很好，大家都放心。”

其实，关于社会公众、普通公民参与公益慈善事业的方式，一般来讲主要就两种：

一是较为普遍的捐赠资金或物品。目前大多数还是通过所在单位统一时间、集中动员、单位代劳的间接式个人捐赠，而且是基本确定了额度，并且是不知善款去向，也缺乏很深的捐款必要性和行动的急迫感；相反地，如果由公民个人直接与慈善组织打交道，善行不仅是在结果、在直接捐助这样一个过程中，平民更多地还将接触到慈善理念、切身感到捐赠必要，并且能够最大限度地获得交付快感，那么在慈善效果彰显、慈善氛围营造、慈善行为感染上都将取得意想不到的成效，慈善观念必定深入人心。而观念一旦深入人心，自觉、主动、积极、长久、广泛、带动、影响等等都将不言而喻。而且，个人捐赠比企业捐赠具有更大的稳定性，可使慈善组织在不同年份避免较大的风险与波动；特别是分散的小额捐赠，还能有助于慈善组织保持较大的独立性，最大限度地祛除那种由于过于依赖企业捐赠或政府资助所带来的依附性。

二是逐渐兴起的提供志愿服务。提供志愿服务的人被称作志愿者或义工，就是指那些不为物质报酬，基于良知、信念和责任，自愿为社会和他人提供服务和帮助的人。目前我国志愿者的参与大多数还是个人的道义行为和自我认知，他们有兴趣也有余力捐赠自己的时间、劳动、技能、艺术和服务，并不是由哪个组织动员的。结合现阶段社会特点，慈善组织多去创新一些志愿服务的方式、丰富志愿服务的内容，抑或深入到社区、企业、学校建立一些（有特色的）义工站等，从而鼓励公民个人多参与一些慈善公益活动，将成为慈善领域的新的增长点。特别是对于草根的慈善组织而言，所开发的慈善项目能够吸引、影响一大批志愿者参与的话，这本身就是拥有了支持度和话语权。而且，这些志愿者也将是潜在的资金捐赠人，所需的资助和募捐也将会自然附带而来。当慈善作为一种生活方式的时候，慈善本身就成为了一种生活意义和价值体现。

此外，当前慈善捐助中个人比例过低，与大量慈善组织与社会大众直接接触不够、项目活动一味随大溜、精力关注一贯盯“大户”是分不开的，与其在经常性项目的设计上、便民参与渠道的开发上不够勤奋是分不开的。一如张华林所言，平民不缺善意，缺乏的是合适的渠道。因此，慈善组织应针对平民经济特点，探索适应平民常态化捐赠救助的形式，采取方便平民参与的工作手段，为平民参与慈善构筑平台、提供条件。他举的两个例子特别具有启发性：一是 2005 年江苏泰兴市凤灵集团成立“爱心基金”，集团董事长李书个人一次捐赠20万元，66名党员每人每月捐20至30元，1200多名普通职工每人每月捐2至5元，实行动态管理。“爱心基金”每年总额保持在28万元左右，全部实行专款专用。凤灵集团得到“爱心基金”资助的特困职工家庭有210多户，资助金额超过330万元。帮助53名特困职工的子女上学，资助金额达142万元。二是针对平民阶层工作和居住地特点，注重提供日常化、经常化的慈善捐赠渠道和形式。可以探索建立慈善网站，开通慈善热线电话，让广大平民24小时在网络上或随时拨打热线电话进行捐赠或申请救助：可在街道、社区设置捐赠接收站点，建立“慈善超市”、慈善药店、慈善饭桌、慈善商店：可在宾馆、银行、邮局、医院等公共场所设置捐赠箱，方便平民就近就地实施小额捐赠，广泛募集慈善资金。还可以本着“突出特色、雪中送炭”的方针，逐步推出有关扶老、恤孤、助学、济困的具体慈善项目，开展专项募捐活动，推动平民定向募集专项资金。

此外，近期在全国各省市兴起的设立“小额冠名爱心基金”募捐形式，也在推动全民参与慈善事业。如内蒙古赤峰市慈善总会发起的以“月捐10元，快乐奉献；月捐10元，建立您的爱心储蓄银行；月捐10元，放飞您的公益梦想”为宣传主题，个人或家庭以每月10元为起捐点，单位以每月100元为起捐点，即可设立以个人（家庭）或单位名字冠名的小额爱心基金。个人、家庭或单位可自由选择助学、关爱孤老等慈善项目，也可根据自己的意愿，指定爱心基金的用向，每个人、每个家庭或单位都可拥有一个自己冠名的爱心基金，建起爱心储蓄银行，使小基金彰显慈善大爱精神。

2002年成立的中华健康快车基金会，就特别注意开通便捷普通民众关注和参与的渠道。如协调中国移动专门开通了手机短信捐款号码“10699995”，方便公民个人用手机捐款；协调中国工商银行为中华健康快车开通了网上捐款通道，让普通储户能够通过方便、快捷的渠道直接参与帮助贫困白内障患者的行动；协调易宝支付（YeePay.com）为中华健康快车开通了在线捐款，为健康快车提供“零费率”服务，通过简单、快捷、透明的捐款渠道，使广大关心、支持健康快车的网友可以足不出户地为贫困白内障患者奉献爱心；协调腾讯网在腾讯公益网为健康快车开辟了“网聚光明——贫困白内障患者救治行动”专题宣传网页，面向广大网友为健康快车慈善项目筹集善款等，正是其善于发动社会和民众力量，由此得到了普通民众的支持与帮助，成就了一项实实在在的扶贫治盲工程。

四、慈善组织与媒体资源

正在迅速发展的慈善事业是一项全社会的公众事业，而作为现代社会服务公器的新闻媒体也正在发挥着越来越重要的作用。当新闻媒体与慈善事业产生交互作用时，对慈善事业发展起到不可估量作用的正是新闻媒体的传播宣传功能和舆论监督功能。这两面恰恰是一正一反，正面是广为宣扬善迹，为慈善组织创造良好的社会舆论环境；反面则是将慈善组织的运行放置在阳光下，严苛纠察伪迹。可以说，慈善组织若能从这两面看待和利用媒体，就能在很大程度上通过与媒体建立良好的互动关系，既促进自身发展建设，又扩大民间社会影响力。

当然在建构中国慈善文化，促进中国慈善事业发展的历史进程中，媒体也须思考和知晓自身应当担负的责任。当前著名媒体人，凤凰卫视董事局主席兼行政总裁刘长乐在出席由中国红十字会总会、博鳌亚洲论坛及李连杰壹基金共同主办的“2008 中国全球公益慈善论坛”上发表演讲时指出：基于目前中国的慈善事业状况，作为社会公器的媒体应该当仁不让，并大有可为。第一，媒体对慈善事业起到监督作用，又应对当前的慈善状况多一点儿包容。特别要宣扬一种具有包容心的慈善文化，媒体不能太过斥责当下一些慈善捐助的商业动因，甚至深挖其“原罪”根源，更不能为“逼捐”摇旗呐喊。我们对慈善文化的培养要给予一定的时间。第二，慈善因媒体而放大，媒体因慈善而走远。我们已经进入了信息化时代，现代传媒的作用比任何时候都显得重要，中国慈善事业的发展同样离不开媒体的推波助澜。凤凰开播至今，一直保留了慈善、公益类栏目，并不断出新，如目前的《海若心出发》和《冷暖人生》等。慈善因媒体的传播而放大，媒体因慈善所承载厚重的人文精神而走远。第三，让慈善意识得以深入人心，让包括普通人在内的每个人都意识到自己在这个社会中的慈善责任，是传媒最可发挥作用的地方。慈善和环保等公益宣传一样，同样可以注入时尚文化、精英文化的元素，凤凰采取多种方式的慈善宣传，是希望引导更多的观众、更多的年轻人关注慈善，将慈善理解为一种公民责任，并投身于慈善事业。

而就在中国“首善”陈光标遭媒体质疑，连陷“暴力慈善”旋涡和“诈捐门”后，又顶众议获得“2011最具爱心慈善行为楷模”奖，这是陈光标第六度获中华慈善奖。“中华慈善奖”评审委员曾对媒体表示，陈光标连续多年做慈善并不是哗众取宠，他带动了企业家做慈善，确实有贡献。在这期间，王振耀院长在北京师范大学壹基金公益研究院媒体公益培训班中，提出了当前环境下，媒体在进行公益报道时应当注意的10个理念，与著名媒体人凤凰卫视刘长乐的认知甚为相通：（1）慈善是给予而不是索取。（2）宽容而不是苛责。宽容应是慈善界的主流行为方式。过高的道德标准，往往产生虚伪或者暴力。以善促善，则是现代慈善的一种基本态度。现代慈善认为，做慈善总比不做慈善好，只要没有违法犯罪，社会还是对其给予宽容和鼓励。现代慈善的行为方式较为优雅，不可能发生我国社会常见的不捐赠者比捐赠者更有道理，甚至以高调反慈善为荣的极端现象。欧美社会很少用到“诈捐门”这种词。（3）保护尊严，杜绝揭人隐私。捐赠人尊严十分重要，不能是谁从事慈善就要将其作为“公众人物”而进行全面审查，这会使慈善变成令人望而生畏的祭坛。（4）捐赠权高于社会知情权。捐赠者可以不公开、不透明，充分尊重捐赠人的意愿，是现代慈善的一个品格，而受赠方则往往比捐赠者受到更多的监督。人们往往习惯于对捐赠者本人特别是对名人的捐赠行为进行严格监督，形成了一种捐赠得越多越受监督，而不捐赠则安全的畸形现象，而项目的进展、组织行为的规范和受捐者的状况往往被人们忽略。（5）全民慈善优于富人慈善。现代慈善特别鼓励大众参与，广开参与之门。（6）高调个性而不是低调倡导。现代慈善十分个性化。许多慈善家都是公开宣扬自身的慈善行为，并且还要把家庭的慈善传承理论化而广为宣传。而以慈善家的名字命名的基金会、建筑物、大学、图书馆、博物馆等，相当普遍。（7）善意压力而不是依赖自发。（8）组织发达而不是个体单干。（9）免税行善而不是竭泽而渔。（10）重税施压而不是道德说教。从利益的角度来强制性地要求人们参与慈善，并且达成巨额捐赠。给不给予社会捐赠，成了判断企业社会责任的重要标志之一。

上述媒体环境对于慈善事业而言当然重要，但就慈善组织来讲，也必须善于利用媒体资源，擅长与媒体良性互动，这是可以提升的能力，也是信息化时代所必需的素质。传统媒体形式如广播、电视、报纸、杂志等，在慈善组织面向社会公众、（潜在）资助方和政府部门，让他们及时了解组织的业务进展、提高本组织公众知名度、广泛寻求资助来源等方面曾经发挥并将依然存在非常重要的作用，慈善组织当然要高度重视、有效利用这些传统媒体资源。小小鸟公益热线创始人魏伟还以自己的从业经历和与媒体打交道的经验为例，专门阐述过草根 NGO 的媒体战略，涉及了与媒体合作需要哪些技巧，如何利用媒体筹资，如何来把握团队与媒体的度，哪个媒体形式更有利于草根机构的发展等，不乏实战经验和启迪。作为国内外 NGOs 和 NPOs 信息交流平台的《中国发展简报》，也曾于2005年刊载过一篇《媒介的视角》，指出还处于成长阶段的中国的大多数NGO，他们在整个社会中的声音还很微弱。在这种情况下，借助媒体的力量扩大NGO在整个社会的能见度不失为一种明智的策略。几乎所有的NGO都有扩大自己的社会影响力的美好愿望，但是媒体有自己的游戏规则和独特的视角。NGO只有了解媒体的需要，才能实现自己的需要，才能实现“双赢”。最后，总结了一些供大家参考的实用要点：如保持与媒体或媒体工作人员个人的良好关系。定期发简讯给他们，尽可能地邀请记者参加NGO的活动；策划活动时就考虑如何吸引更多的公众参与，吸引更多的媒体关注；了解媒体的思路，进行换位思考，找出与他们的契合点；根据组织自身的情况选择与组织的传播需求和能力相吻合的媒体；在与媒体合作的过程中不失时机地宣传NGO的理念，为以后的合作奠定良好的基础。

但在新的互联网发展阶段，其他新的媒体形式正在改变并吞没着传统的传播方式，并在潜移默化下，影响着机构、组织及个人的角色定位。特别是近年来，门户网站、微博、博客、论坛、视频网站、社交网站等分享、互动、交流功能很强的新媒介的迅速发展，极大地改变着社会信息环境和人们的交往方式。马萨诸塞州达特墨斯市场研究中心发布的题为“仍然领先——社会媒介在美国大型慈善机构中应用的首次纵贯研究”的报告[①]显示，美国大型慈善机构对社会媒体的使用和了解以及对网上舆论的监测远远超过商业世界与学术机构。2008年，89%的非营利组织与各种形式的社会媒体保持了亲密接触。该研究对福布斯排行榜定义的美国最大慈善组织的76名执行官进行了访谈，比较了这些机构2007年与2008年对社会媒体工具的应用状态，这些工具包括博

① 译言网：《社会媒介应用中的领头军：非营利组织》，载于 http://article.yeeyan.org/view/102838/63746。

客、播客、留言板、社会网络、视频博客和维基百科。结论是：2008年参与研究的慈善组织中，89%使用了社会媒体，而上一年为75%。46%的受访组织称社会媒体在慈善组织劝募策略中非常重要。81%的被访机构称社会媒介在他们未来的战略中或多或少有着重要作用。从2007年到2008年每一种被调查的社会媒介工具的使用都有所增加。根据2008年的研究来看，社交网络和播客是最常用的工具——79%的慈善机构都在使用。除此之外，57%的机构使用博客，36%的机构使用公告板，16%的机构使用维基。另外，49%的机构使用Twitter之类的微博，并在YouTube上传视频。

在当前中国，利用新媒体传播新慈善、开展新公益也在迅猛发展。以腾讯公益为例①，腾讯于2007年发起成立腾讯公益慈善基金会后，基金会即联合腾讯网，借鉴并吸取国内外公益网站的经验教训，搭建全方位的网络公益2.0平台——腾讯公益网。该平台一期项目于2007年6月上线，包括募资、义卖、资讯传播、社区等模块，目前已经和中国青基会、中国儿基会、中国扶贫基金会、李连杰壹基金会、爱德基金会等10余家知名公益组织建立起战略合作伙伴关系，为他们提供在线捐赠、义卖、资讯、社区等平台。目前已经在这个平台上开展数十个公益项目，数十万网友通过腾讯公益网进行捐赠，累计募集资金2400万元。

我们再链接E惠社（www.ecauses.org）——一个专注于非营利领域互联网应用的知名网站上的两篇博文。

关于“每个慈善组织网站都应该包含的10个页面”的博文，供亟待提升网站建设和维护能力的慈善组织参考：②

① 王齐：《慈善公益传播的网络方式——以腾讯公益为案例》，载杨团主编：《中国慈善发展报告》（2010），社会科学文献出版社2010年版，第264～265页。

② Devin Mathias，载引自E惠社网站（www.ecauses.org/2011/01/27/10-pages-every-charity-website-should-have/）。

（1）捐赠页面。这是首要的，你建立网站的主要目的之一是筹集资金支持，即便其他的目的也同时存在，如分享你们的故事，阐明你们的优质工作和影响力，招募志愿者等等，根本性的目的在于找到捐赠者，这样你们的组织才可以开展更多的工作。你们的主页应该有一个“捐款”按钮，通过它可以直接进入捐赠表格……这不是一般情况下的捐赠页面或一个“为什么捐赠”的页面，而是一个捐赠金额和信用卡信息可以登录记录的表格。

（2）介绍捐赠方式的页面。这与你们进行实际捐赠的页面有所不同。更确切地说，这个页面应展示你的组织值得资金支持的理由（这可能与第3项和第5项相关），捐赠的不同途径，资金支持的不同领域等等。你们还应该提供与“捐赠”直接相关的联系方式信息。

（3）组织事迹页面。展示你们的组织正在创造的实际影响力，包括（如果合适的话）你们完成的优质工作的证书、图片、视频等。这个页面很重要，它可以让现有的捐赠人看到，并且让潜在捐赠人感受到他们通过为你们提供时间、才智或资金上的支持贡献可以产生重要的影响。

（4）行动召集页面。一些人，特别是年轻人，倾向于选择捐钱而不是贡献他们的时间。这是一个创建你的组织和个人之间关系的很好途径。有没有需要他们签名的请愿书？他们是否可以邀请朋友来加入你们的团体？有没有可以参加的活动？设置一个页面，让他们可以轻松地融入进来。

（5）使命、愿景、目标。不用多说，它的存在是毫无疑问的。但你们需要明确地展示出你们组织存在的理由，你们对组织所期望的发展定位和视线可及又切实可行的目标。

（6）社会媒体页面。首先，你应该应用 Facebook、Twitter、YouTube 和 Flickr 的图标，把它们放在网页靠上方的显著的位置（访问者不需要移动浏览器的滚动条就可以显示出来的位置）。其次，你们还可以有一个特定的登录平台，提供你们网站多种社会媒体文件，活动信息和运作社会媒体的人员信息。

（7）隐私页面。当今世界，对数据隐私性的关注极高，而且这也很正当。因此，公布隐私政策是有益且负责的一件事情。正如纳吉所写："网站具有隐私政策很重要，即便你们不会从访问者那里收集邮箱地址。隐私会涉及网站分析，例如谷歌分析和网站跟踪器。网站分析和网站跟踪器都会存储一定量的关于网站访问者的相关信息，所以这些担忧是真实的，而同时你们消除这些担忧也是在履行一项义务。"

（8）联系方式。这是一个关键并应相对明显的页面。要提供多种联系途径。电子邮件和电话是最重要的，但有多种类型的联系方式也很不错，如提供信息和问题的联系方式，组织所提供服务的联系方式，适当的行政联系方式等等。如果合适的话，还可以包括你们的商业地址和方位地图。

（9）关于我们页面。这个页面应该概括介绍组织存在的原因，你们希望完成的事情和谁在运营这个组织。

（10）常见问题/问答。这是在任何网站上最常见的页面之一，其理由很充分。这个页面可以在人们找到你们和你们的团队之前，解答你们网站构成上的问题，通过这种方式为你们节省时间。

（11）附加可选项：博客。我认为你们的组织应该建立一个博客，它可以用来提供捐赠者信息、有影响力事件并辅助你们社会媒体内容的发展。有些组织声称没有时间或者没有专门的技术来维持一个博客，但我认为这些只是托词。如果你们是一个具有进取心的非营利组织，你们就会与内容专家（如雇员、志愿者和朋友）建立联系。设置一个博客同时安排内容有助于使误导性交流计划受到控制和规范。需要帮助吗？让我知道。我称博客为"可选性"的原因是一些非营利组织此时还没有准备好应对博客这一问题。如果你们有更重要的事情要做，博客可以被闲置在一边。

关于“大型慈善活动利用社会媒体的5种途径”的博文，则强调将大型慈善活动建构在社会性网络的“云”中，并通过这种方式证明了草根公益事业的独特原则，供亟待利用社会媒体提升社会公关能力的慈善组织参考：①

（1）赋权给人们能够催化社会性网络。他们的独特性来自于他们如何赋权给人们。让人们能够接受公益事业，并通过一种公共的、有意义的途径来为公益作贡献，人们就会感到自己是一件大事中的一部分。结果就是，一种传染性的兴奋之情在参与者的社会性网络中传播。“我试着在 Twestival 中做的就是，严格对待我们的品牌和基本规则，但是让每个城市在其活动中发挥创造性。” Twestival 的创始人 Amanda Rose 说，“Twitter 提供了一个平台，使得组织者可以提出他的需求，经过无数人的传播，一条写着‘我可以帮助做这个’的推特消息可能在几分钟之后就出现了。而这一过程通常需要几个星期甚至几个月的时间来安排。让本地的志愿者团队看到他们的社区团结在一起，从而把活动做成功，是令人非常激动的事情。”“我们的目标非常适宜：找到1200人，在12个月中，每人每月捐献10美元。”来自 12 for 12k 创意团队的 Susan Murphy 说，“因为我们已经深度融入了社会媒体，找到1200个充满热情的人并非一项令人望而生畏的任务。一旦我们拥有一个充满热情的社区，传播信息就变得更加简单。”

（2）实践长尾理论。将个体志愿者和公民慈善家转变成一次大众运动，需要在多样化的社会性网络中掌握关键的社区管理技巧。每位大

① Deoff Livingston，引自 E 惠社网站（www. ecauses. org/2010/09/13/5-ways-mega-charity-events-can-harness-the-power-of-social-media/）。

型活动组织者都有他们独特的方式，但是他们普遍运用社会性网络来动员社区。“毫无疑问，社会性媒体在吸引如此多的志愿参与者的过程中扮演了一个重要的角色。”NPR 高级战略家、CrisisCamp 组织者之一的 Andy Carvin 说，“通过 Twitter、Facebook 和无数的 E-mail 名单来传递信息，人们才会放下手头的工作，走出家门来参与活动。值得一提的是，我们有很多人一直在参与这种类型的项目，因此在社会性网络中有很多人在关注我们。这使得集结团队变得更简单，因为你已经有了对灾难反应很感兴趣的一批固定的围观人群。”

（3）保持私人化联系。保持私人化的联系在他们的成就中是非常重要的一个方面。尽管他们可能在和很多人相处，他们仍然使用社会性工具和 E-mail 来和活动中的个人参与者保持联系。“我们相互关联。”Tweetsgiving 的创办人 Stacey Monk 说，“这是一种传统的草根式的爱。那些参与活动的人们感到他们认识我，因为我的心，真实的自我，我的感恩，全都投入在这件事情上。我不知道还能怎样表达。我也不想为了追求迅速扩张，牺牲了对 Tweetsgiving 全心全意投入的感受。”“人们对直接接到我的回复感到很惊讶。但我知道他们立即就会感到心里踏实，并且坚定地相信什么是重要的。组织活动就是一个巨大的挑战。”Amanda Rose 说，“我知道当我看到 Tim Ferriss 时，他又要让我坐下并教导我一番关于我总是打破‘每周工作 4 小时’的基本规则，因为我总是立即回复 E-mail。但这就是 Twestival 不断前进的动力。认真聆听当地组织者在说什么，并及时对他们进行反馈，解释我们为什么作出现有的这些决定，这是非常重要的。”

（4）与公益事业相连。很明显，奉献时间、金钱或是智力资本要比简单地点击一下按钮或者在活动时现身的贡献多得多。构建并维持组织者、活动和慈善事业之间的联系是组织大型活动的共同课题。“去年中我们最大的一课就是，我们开始失去动力了。”Susan Murphy 说，“这在长期活动中是很自然的，并且是慈善事业应当意识到的事情。找到准确的原因需要一段时间，但是我们意识到我们丧失了与支持者的一些联系——我们没有像从前那样靠近他们，也没有认真倾听。因此我们把精力重新集中在支持者身上，确保我们的社区参与到活动的每个步骤当中，从而重新获得了我们的动力。”“想要改变世界，我们需要让人们意识到，我们之间的联系比他们的金钱更重要。”Stacey Monk 说，“我也希望慈善事业开始理解，我们并非两个社区——捐献者社区和受益者社区。我们是一个整体。去年有超过 550 条推特信息来自学生、教师和父母，他们整夜守候在线上，分享他们在坦桑尼亚的感恩之情。我们都是这个对话的一部分，我想这是非常重要的。”

（5）不要过分依赖一种工具。知名博客作者 Jeremiah Owyang 喜欢开玩笑说公司和组织深深热爱着社会媒体工具，但他们却忘了建房子。当问到什么是他们最喜欢的工具，每位组织者都不会只提到一种。看上去他们都知道：社区是真正重要的。“并没有单一的工具，只有各种工具的结合才能让这一切发生。”Andy Carvin 说，“比如，老式而实用的 E-mail 名单和 IRC 是我们最主要的沟通工具，分别适用于长期联系和实时协作。Twitter 和 Facebook 在动员志愿者方面扮演了非常重要的角色。有一些项目发现 Etherpad 是实现实时文本协作编辑的非常好的办法。”“一些团队试过 Google Wave，但有时学习曲线会干预进展。维基和博客帮助我们记录下我们的活动。有些工具帮助志愿者建立项目。比如地图，OpenStreetMap 和 Ushahidi 是非常重要的，某种意义上来说就像拯救者一样。使用这些工具可以让工作者脚踏实地地开展协作。”“对 Twestival 来说，社会媒体就是工具。”Amanda Rose 说，“很显然，在 Twestival 中有一种交流平台总是占据最重要的角色，这就是 Twitter。我们使用了一整套组织工具，GoToMeeting 可以使组织者召开会议和进行演示，而不必待在同一个屋子里；Huddle 提供了非常好的在线协作和文件共享；今年特别有趣的是，我们通过 Tumblr 和 Posterous 来分享我们在全球范围内的国际性作品和故事……可以说的简直太多了。”

五、慈善组织与行业合作

《中国慈善事业发展指导纲要（2011～2015 年）》将完善慈善事业法规政策体系、促进公益慈善组织发展、加强慈善事业人才和志愿者队伍建设、不断拓展慈善资源、完善慈善事业监管体系和加强慈善文化建设六个方面，作为加快发展慈善事业的重点任务。要求各级各类慈善事业推动主体和运作主体权责明晰、分工协作，引导公益慈善组织公平、有序竞争，推动建立公益慈善组织间的协作机制，实现慈善资源的最优配置，共同推动慈善事业发展。这不仅是在强调我国慈善组织在组织能力与资源有限的情况下，既应避免不专注核心能力，图大图全，在项目设立上全面开花，又往往集筹募善款、运作项目、项目评估等环节和功能于一身，既不懂发包给专业组织，又不发挥草根组织作用，唯恐他人分一杯羹，在实施中一统到底、整个局面是一盘散沙、各自为政，恶性竞争，致使整体发展水平落后。其实，慈善机构不应该自我封闭，应认识到业内合作的必要性和重要性，从而自觉加大业内资源的整合力度，注意、注重在多方合作中取得共赢。慈善组织实现业内合作，不仅可以减少组织运营的日常开支，还可实现资源共享以吸引更多的捐赠。毕竟，推动慈善发展和社会进步是慈善组织的共同愿景，所以慈善组织应当积极探索建立起多种合作机制，学会“开放性”成长，携手合作势在必行。据《2009 年中国慈善组织发展报告》①，很长一段时间以来，中国民间组织促进会是唯一一家真正意义上的支持型组织系统（为其

① 徐宇珊：《2009 年中国慈善组织发展报告》，载杨团主编《中国慈善发展报告》（2010），社会科学文献出版社 2010 年版，第 102～103 页。

他组织提供资源、能力和智力支持），起到了整合内部力量，争取外部资源，提高合作效率的作用。特别是随着非公募基金会的异军突起以及汶川大地震给草根组织带来的磨砺，不同类型的慈善组织开始呈现出越来越明显的纵向专业细分的特征，建立了多类型的支持型慈善组织，初步构建了资源、能力建设与智力支持全方位的支持网络，上中下游的慈善组织发挥各自优势，开始形成支持型机构与运作型机构协助互动的公益链条。其实，就慈善组织自身而言，无论其是官办的还是草根的，规模大的还是实力弱的，能够与业内在其他方面有经验的、有专长的、有资源的、有前景的、有潜力的慈善组织沟通、交流与合作，都将受益匪浅，尤其是在信息、资金、人才、对象等要素方面，对人对己都将产生 1+1>2 的显著效果。

首先来看以非公募基金会为代表的资金支持型机构。与公募基金会一般直接介入项目，依靠所属业务主管单位的行政体系实施公益项目不同，非公募基金会大多需要通过资助其他机构实施公益项目，如南都、友成等基金会明确定位为资助型基金会，在整个公益链条中扮演资金和资源的提供者，资助社会服务和公益项目。这为实力弱小、缺乏资金但贴近社区、创意无限的草根组织提供了难得的行业合作机会。徐宇珊博士还专门阐述了中国非公募基金会对于公益慈善事业发展的重要意义。她指出，非公募基金会的资金和项目向全社会开放，凡符合基本条件的组织（个人）均有可能成为基金会的项目实施者，可称之为开放式散财。如南都公益基金会无论是资助新公民学校还是资助民间组织从事抗震救灾项目，都遵循公开、公平、公正的原则，面向非营利组织进行项目招标。基金会通过项目评审制发现最佳的资金使用者，提高资金使用效率。在基金会的网站上有明确的项目资助方向、资助额度、申请原则、申请时间、申请流程、评审规则，并及时发布通过资格预审的项目和机构信息以及获得资助的项目进展情况。谁都有可能成为基金会的项目实施机构，谁都可以监督基金会的资金使用过程。而竞争基金会资助项目的过程，就是民间组织及公益项目彼此间竞争的过程，那些服务质量上乘、能力建设规范、治理结构完善的组织会脱颖而出并更加发展壮大，民间组织之间的竞争有助于促进公民社会健康有序发展。例如，友成企业家扶贫基金会在网站上介绍该基金会申请项目的初选淘汰率在60% ~70%。当然，一如基金会能够面向社会寻找最能有效实现组织宗旨的实施机构，潜在的项目实施方也可以选择最适合自己的基金会，双方可以真正实现伙伴关系。总之，通过开放式散财，基金会的公益财产做到了面向社会开放性和透明性，实现了项目的竞争性和选择性，使得社会公益资金真正进入公民社会部门，真正地在社会中高效运转起来。①

当然，其他如信息共享、能力支持、长项互补等也是较为重要的合作点和关注点。如中民慈善捐助信息中心建立了中国公益慈善网，作为全国慈善信息平台，以提供最专业的慈善信息咨询与评估服务和最高效的慈善资源支持为使命，在慈善捐赠数据、信息公开方面做了大量卓有成效的工作，为捐助者、慈善组织、受助者搭建了重要的信息平台，为公益慈善组织之间的信息交流更加方便快捷，高效率的沟通与协作，起到了积极的作用。前已述及的以 NPI 为代表的公益孵化器，也为初创期和中小型民间公益组织提供着切实支持。其实，即使在实力同样雄厚的慈善组织之间，也有使命、资源、专长上的差异，也不乏可挖潜的合作空间。他们或者可针对一个社会热点、难点问题共同发起倡议、分工协作实施，如齐鲁心声——2011 山东省公益组织救助聋哑儿童爱心合作项目，就是中国第一个由全省公益组织自发联合开展的社会性助残公益项目，开创了中国社会公益服务的新形式；或者是存在上下级关系的慈

---

① 徐宇珊：《从封闭到开放：中国基金会的“散财之道”》，载《中国非营利评论》第五卷，社会科学文献出版社 2010 年版，第 24 ~44 页。

善组织之间、不同区域的慈善组织之间、非隶属性的全国性慈善组织与某地方性慈善组织之间等等，树立大慈善意识，以项目合作、统一策划、分头实施、优势互补、各负其责为原则，加强协作，形成整体合力和互动效应，形成上下贯通、左右相连的慈善公益网络，从而构建共建共享的大慈善格局。

第三节　能力提升的路径

一、必修的公关意识

一如人是一切社会关系的总和一样，组织也是集各种社会关系于一身，需要以公关的视角打量组织的生存发展。不能因为组织架构是浅陋的、制度是不完善的，而让组织行为处处散发着青涩的味道。特别是在初创期的慈善组织，因为是“生而知之”，不敢想象也不去想独立发展，难免因过度依赖初始资源而一厢情愿地抱定发起人、创始人；同时，因为是暖巢里孵化、温室里成长，没经过摔打和历练，一旦独自面临筹款需要和由此要承担义务的现实，难免因发憷而行为生硬，是一种缺乏沉稳和明确方向的磕磕绊绊；而且，往往是和人“稀里糊涂”接上了头，好不容易谈拢了却不懂合作，在过程中一招一式都让人感觉不舒服，总想着反正我拿下了这单，至于之后如何是下一步的事情，由此更多成了一锤子买卖；此外，就是不知分工，不愿共赢，一个项目从头做到尾，只想所涉及资源全为己所用，认为是天经地义、顺理成章的，岂知如此时间、机会、人员包括经费等成本更高，投入产出比很是低下，但这个一切由我、一切在我的动机难以撼动。

总之，这时候的思维，必须超越那种获得眼前利益或度过现下境况的狭隘意识，组织的眼界也不能局限在本区域和熟悉领域，在重要关系的梳理、沟通和确立上要注意自觉性和主动性的修炼，从而得到社会公众的认可。

二、公关的成熟过程

好的公共关系是一个组织成熟的标志之一。掌握公关的要害，则是一个学习加实践的过程。这个过程不仅仅是达致目标的手段，因为在这个过程中，与各种关系的接触、交往，进而培植互信、建立合作，本身就是“直接协助机构实践理想”的策略集成。Mal Warwick 在《五项促使筹款成功的策略》中提出首个英文字母正好合为 GIVES（给予）的五项策略[①]：增长（growth）、参与（involvement）、能见度（visibility）、效能（efficiency）、稳定（stability），处处体现着成熟公关的必备要素。

其一，增长策略强调的是通过筹款活动扩展捐助者基础。这是一个长远发展策略，要凝聚小捐款者对机构的支持，必须要有长线投资心态及有耐性，静静等待回应；而且必须坚定小捐款者才是机构永远牢靠的基础的认知。其二，参与策略主张通过义工计划，向支持者不时发放机构信息，让支持者时刻掌握机构的工作，缩短机构与支持者之间的距离。而数量庞大的支持者本身就是筹款活动中的活招牌，能更有力地推动有潜质的捐款者募捐。其三，能见度策略则是通过种种渠道与捐助者分享理念，促使捐助者对机构工作产生共鸣。这要求机构有一定的知名度和能提出较为被公众关注的题目。其四，效能策略是控制筹款成本支出。一个在运作上符合成本效益的机构，观感必定很有效果，往往仅此就被视为一个值得信任的机构而取信于公众。常用方法是通过企业及每

① 萧美娟、林国才、庄玉惜：《NGO 市场营销、筹募与问责：理论与操作》，社会科学文献出版社 2005 年版，第 122～123 页。

月捐款计划。其五，稳定策略强调坚守信念，立场不要左摇右摆，才能稳固现有支持者及吸纳一直在旁观察的潜在支持者。当然，在能力允许范围内增加筹款项目的多元化，也有助于达致财政稳定的目标。

一般地，在慈善机构初成立时，要注重能见度和参与策略，可发布一系列与自己业务领域相关的社会热点信息，并为之举办活动，促进机构形象及早形成。随之，要逐步开发和锁定捐赠者群体，通过定期、不定期举办的一连串活动吸引潜在的捐款者及支持者，让支持者更多地参与机构的活动，与之建立密切关系。在继续维系已有的个人捐助者之时，将门槛降低到使更多人有能力捐助，同时亦发掘其他捐款方法及渠道，如向企业及慈善基金募捐等，从而响应筹款不仅仅是筹钱，更是建立关系的募捐理念。

三、建立更广泛的伙伴关系

懂得合作也是当今一切组织成熟的标志之一。通向合作的第一步，就是要用更精确的语言给该词下一个定义，然后在知晓其内涵和外延的基础上，根据实际情况和最终愿望，选定一种共事方式。美国学者哈伯特认为合作是伙伴关系的三种形式之一。他将伙伴关系一词区分成了3个C，即配合（cooperating，利用资源帮助其他机构）、协调（coordinating，组织并整合资源以便更有效地实现多变目标）和合作（collaborating，综合利用资源以解决那些没有明确由谁负责的问题）。这三种形式之间的区别，就在于它们对权力共享程度的要求不同（配合所要求的权力共享程度最低，而合作最高），而且它们对相关资源的要求水平也不一样（信息共享相对便宜，而资源共享则较为昂贵）。[①] 笔者非常

① ［美］保罗·C·莱特：《持续创新：打造自发创新的政府和非营利组织》，张秀琴译，中国人民大学出版社2004年版，第69~70页。

认同哈伯特对伙伴关系的界定与细分，认为这不仅普遍适用于慈善组织，更有利于其建构一种面向全社会、没有特定指向的伙伴关系，从而在价值链整合的基础上，壮大合作网络，厚植社会资本，更好地促进慈善事业发展。因此，我们将经 Pew 慈善信托基金会公共政策项目主任保罗·C·莱特修订，其同事哈伯特所创的伙伴关系类型表摘录于此，以资借鉴：学会合作，优化实践，从左下端的合作形式开始，一直往更高端的合作形式前进（见表 4－3－1）。

表 4－3－1　　伙伴关系类型表

配合	协调	合作
利用资源帮助其他机构	组织并整合资源以便更有效地实现多变目标	综合利用资源以解决那些没有明确由谁负责的问题
贡献资源	协调行动	项目责任共享
某机构为另一机构的项目或活动贡献资源：这种贡献是明确的，而且通常以物质形式出现。 主要目标：帮助一项值得帮助的事业	机构调整或整合现有的项目以便更有效地提供服务：通常是在合伙人之间建立一种不间断的关系。 主要目标：推进项目进展	机构联合成为一个新的实体，以便管理资源或提供服务。 主要目标：满足一种必须通过合作共事才可以实现的需求
互相促进	资源共享	建立新机制或项目
机构间愿意共享工作或提供服务方面的信息。 主要目标：满足共同委托人的需求	机构间一致提供同样的货物或服务，并同意为此共同承担相应的成本；通常以合同的形式予以界定。 主要目标：节约成本	机构努力建立并利用一个新模式来提供服务或解决一个公共问题。 主要目标：应公共问题的需要而开发一种新模式
以成文或不成文的方式实施信息共享。 主要目标：通过持续地掌握信息而提高组织绩效	机构间互相依靠以成就某一特殊产品或事业；一般需要建立短期的委员会。 主要目标：实现一种依靠某一个机构所无法单独完成的目标	机构间为管理某一资源或缓解某一社会问题而建立的一个集体性的愿景（和/或课题）。 主要目标：促进集体愿景的形成和合作行为的开展

四、让过程更透明

社会公信力是慈善组织安身立命之本，这已是社会共识。公信力的来源，除了使命实施的效果这一终极判断，就是把项目高效率执行好，使其产生良好效果，达到预期的目标；更多还在于信息的公开和过程的透明，就是应做到愿意且能够把所实施的项目过程和结果向社会及时披露、完全公开。唯有如此，才能让捐助者放心，让受助者安心。关于应建立哪些内部制度和外部机制以提升慈善机构的社会公信力，在第三章已略有阐述。这里我们把着眼点主要放在如何使慈善过程更加透明上，特别是简要解读国外慈善是如何做到透明的。

在美国，任何公民都可以查账。美国绝大多数州都规定，慈善机构必须向州首席检察官提交年度报告，首席检察官还可以代表公众对触犯公共利益的慈善机构提起公诉。而且任何美国公民都可以去慈善机构查阅账目。在英国，信息披露的严格程度不亚于上市公司，包括那些公益性非营利组织，以及新成立的小型慈善民间团体。在法国，慈善机构领导人不领薪酬。法国一些大型慈善机构 1989 年联合制定的规范慈善机构行为的《宪章》就确立了四项基本原则：不牟私利、严格管理、规范运作、财务透明。① 慈善公信力的增长是和自身透明运作、公开能力的增长成正比的。阳光能防腐，透明绝无害。事实上，慈善组织的透明化运作，正是中国慈善事业走向成熟的基础，也绝对是慈善组织提高自身公信力和竞争力的一条捷径、一条坦途。

---

① 邓媛采访整理：《解读国外慈善如何透明》，载《国际先驱导报》，2010 年 8 月 24 日。

结束语

相信读者读完本书，都能得出一个结论，那就是：慈善组织的能力提升是可能的。任何慈善组织都能够通过能力建设，克服组织所面临的这样或那样的困境。但若是超越了其本意范围的额外责任，对于组织来说，就是挑战了。而且，即使是其事业使命的分内任务，也跳不出时空环境和初始条件的束缚和制约。因此，在我们鼓励和支持那些努力改善和提升能力的组织的同时，还是要给予他们更多的勉励和鞭策——毕竟慈善事业发展任重而道远，所以慈善组织的能力建设也将是无止境的。

一、慈善事业发展的合理定位

我国现代慈善事业作为社会保障体系的一个重要组成部分，与政府的角色定位与职责范围既有区别又有联系。世界银行在 1997 年的世界发展报告中指出，在市场经济条件下，每一个政府的核心使命和基本职责应当至少包括五项：第一，建立法律和保护产权的基础；第二，保持一种宽松的、非扭曲性的政策环境及宏观经济的稳定；第三，投资于基本的社会服务和社会基础设施；第四，保护承受力差的弱势阶层和群体；第五，保护环境。[①] 可见，建立完善以社会保险、社会救助、社会福利、社会优抚和慈善事业相衔接的社会保障体系，以保护承受力差的弱势阶层和群体，已经成为世界性潮流和现代政府的基本职责。进而言之，发展慈善事业是政府义不容辞的责任，而政府推动又是发展慈善事业必不可少的重要支撑。

中国人民大学中国社会保障研究中心郑功成教授认为，慈善事业作为一项有着实质内容的道德事业和现代社会保障体系中的必要组成部分，是指建立在社会捐献经济基础之上的民营社会性救助行为，是一种混合型社会分配方式。慈善事业的目的主要是通过慈善救助来解决脆弱社会成员的生存困境或特殊困难，从而发挥着社会保障的功能作用。由此可见，慈善事业与法定社会保障制度有着重大区别，这不仅表现在两者运行基础与方式的不同上，更体现在道德与权利义务的差异上。从权利义务的角度看，慈善事业是志愿性的公益事业，它既非捐献者的当然义务，亦非受助者的法定权益；而法定的社会保障项目却体现着政府的当然责任和国民的法定权益。从运行基础与方式的角度分析，慈善事业以社会成员的善爱之心为道德基础，以贫富差别的存在为社会基础，以社会捐献为经济基础，以民营机构为组织基础，以捐献者的意愿为实施基础，以社会成员的普遍参与为发展基础；而政府举办的社会保障事业，则是以稳定社会为政治基础、以财政拨款或强制筹款为经济基础、以官营或公营机构为组织基础、以法律制度为实施基础。同时，因慈善事业是民间公益事业，必须始终坚持自愿原则，维护其民办本色。即政府可以通过政策进行正面引导和反面促进，但不能依靠行政权力等直接干预企业和社会成员的捐献行为。如果将其变为官办事业或政府职能部

① 1997 年世界银行发展报告：《变革世界中的政府》，中国财政经济出版社 1997 年版，第 4 页。

门的附属物，将会损害民间的积极性与主动性。尽管我国有着特定的社会背景与传统习惯使慈善事业需要借助官方的直接支持，但坚持慈善事业的自愿原则和民办本色，让官方化或半官方化的慈善事业还原成民办慈善事业，既是慈善事业进一步发展的内在要求，也是在市场经济条件下实现“小政府、大社会”目标的内在要求。[①]

进一步讲，在慈善事业起步不久的当前中国，无论是从慈善捐赠总额、慈善组织数量、从业人员总量的绝对值和相对量上，还是从全社会的重视、支持程度及慈善组织的自我能力建设方面考量，整体慈善水平都有待提升。特别是在我国社会主义市场经济体制和现代政府管理机制尚未完善的背景下，通过市场获得收入的第一次分配还不太充分，通过政府税收调节的第二次分配也不是很有效，那么，通过慈善公益捐款进行的第三次分配，就难免过多地吸引人们的关注。而这种关注，正是人们在寄希望于“先富起来的那批人的良知和智慧”，期待着这方面的道德模范涌现出来。事实上，时下中国的慈善事业已被给予过高期望，它自己也“不自量力”，以致它除了“作为平衡贫富差距的一种补充”以外，还承担了以道德压力迫使公众人物（知名企业家或演艺明星等）进行捐献和以民间补充角色促使政府加快推进社会保障体系建设的功能，有被推向风口浪尖的趋势。至于当前某些国际组织倾向的“NGOs活动和影响不应该局限于狭义的社会领域，如满足人们对社会交往的需求，维护弱势群体的利益，保护生态环境等，也可以对整个社会发挥影响，如倡导新观念，探索新的方向和途径，影响政府的立法、决策、行政，确立政治合法性，培养公民生活方式，为民主奠定基础，为市场运行提供基础和辅助功能……希望 NGOs 在人权、民主、环保、扶贫等领域开展活动，同时也要求它们对社会负责、提高透明度、扩大公众参与

① 郑功成：《现代慈善事业及其在中国的发展》，载《学海》2005 年第 2 期。

的深度和广度”① 等，更需加以审慎对待。

慈善，这个发展刚有势头但制度仍有待完善的事业，稍有不慎就面临被“公审公判”的风险。如过去出现的一些明星诈捐、善款被挪用，以及今年以来出现的向来坚持高调行善的“中国首善”陈光标被质疑其善行本身掺杂使假等问题，所幸这主要还不是针对慈善机构本身。然而，当红十字会系统陆续被曝出“天价帐篷”、“万元餐费”、“虚开发票”后，人们开始感觉到慈善组织——这一站在道德高点以募捐和行善为业的组织机构也不那么可靠了。特别是在郭美美网上炫富事件出现后，社会大众不顾红十字会的极力澄清，几乎一边倒地谴责红十字会，在实际上已对各类慈善机构的形象有所损害。如果在这个时候方兴未艾的慈善事业被“摧毁”，再行重建谈何容易。因此，我们认为在慈善事业起步不久的当前中国，对慈善事业的功能定位要合理，以免因赋予慈善组织本意之外的职责和功能，而延迟了当前最为要紧的慈善体制机制本身的建设和完善，从而影响到其必要功能的充分发挥。

二、慈善组织能力建设永无止境

如导论所述，本书基于理论推演、现实需求和未来面向三方面考量，按照慈善组织能力建设的一般逻辑，围绕使命与持续发展能力、组织与制度建设能力、项目开发及营销能力、公共关系及合作能力建设作了初步探讨。其实，慈善组织能力建设首先是一个复杂的系统工程，所关乎的能力也不仅限于以上四个方面，如组织学习能力、文化建构能力、项目管控能力、系统综合能力、宣传动员能力、发展创新能力、保值增值能力等，在本书的论述中虽偶有涉及，但并没有重点展开，读者

① ［美］丽莎·乔丹、［荷兰］彼得·范·图埃尔主编：《非政府组织问责：政治、原则与创新》，康晓光等译，中国人民大学出版社2008年版，第131页。

也会同意这不代表它们不重要，相反，它们作为战略或策略、宏观或微观层面的又一视角，甚至可以作为一个专题进行研究。第二，慈善组织能力建设是一项融合多种能力建设在内的综合性过程。作为一个过程、一个整体，需要把各个环节、各个方面的能力建设有机结合、有效协调起来，从而最大限度地发挥能力建设的作用。比如，使命定义与阐释对项目开发的限定与指导作用，组织制度设计与规范对营销策略订立与实施的影响，组织内部治理能力和与政府、企业、兄弟机构合作能力的相互作用等。第三，在慈善事业迅速发展的今天，慈善组织所面临的环境时时都在发生变化，因此需要不断地强化能力建设，根据具体实际与时俱进、开拓创新。通过创新，开辟新的慈善领域；通过创新，获得新的竞争优势；通过创新，让慈善事业引领一场新的社会革命——关于人们思维方式和生活方式的全新境界。

对于慈善领域的开拓创新，北京华夏经济社会发展研究中心主任饶锦兴在《美国慈善事业发展印象》[①] 中多有描述。大家知道，美国的慈善事业非常发达，其过程几乎和美国建国史一样长。其慈善事业发展，有着深厚的文化背景和社会背景。但是它的慈善事业并不因循守旧、墨守成规。相反，创新理念在引领美国慈善事业发展新趋势。在美国，公益创新之声不绝于耳，扑面而来。美国人甚至把慈善基金会奉为社会创新的发动机！特别是随着近年来新兴基金会的大量涌现——以硅谷高科技背景的基金会为代表，出现了对传统基金会及其工作模式的挑战。美国的公益创新主要包括在资金募集、组织、机制和活动方式上使用网络手段，引进企业管理的技术、经验等，发育出“风险慈善”（我国通常

① 饶锦兴：《美国慈善事业发展印象》，美慈中国网站，载于 http：//meici. org. cn/modules/article/view. article. php/185。

称为“公益创投”[①])、“社会企业”[②] 等新的公益形态。但最关键的是，他们对慈善事业的功能和使命的新认识：促进社会创新。已有75年历史的福特基金会也不甘落后，在社会创新方面是做得最早和最着力的。它目前正着眼于未来10～15年的社会发展问题，重新考虑定位和发展战略，尝试新的模式，支持新的组织和新的人群，寻求更大的影响力和可持续性。而硅谷社区基金会的创新模式，可以说代表着慈善资产管理的方向，因为它是专业化的、高效率的，大大减少慈善资产使用当中的无秩序和浪费。

10年来，慈善事业在全球加速发展，国际上新一代慈善家正在创

① 笔者注：公益创投指公益领域的创业投资，即企业或基金会为创业过程中的社会企业注资，帮助其成功创业，并通过投资间接地帮助解决社会问题。它包括参与管理的伙伴关系、3～5年的投资期限、结果导向的评估体系、资金加咨询的资源网络和完善的退出策略等五个要素，特别注重所投资机构的能力建设和整体表现，倾向于建构一种提供资金、管理和技术支持的伙伴关系，而且是深度介入，风险共担，把社会或环境效益最大化作为首要目标，以使命达成为基础设计业绩评估指标，从而达到促进能力建设和公益模式持续发展的目的。应当说，公益创投概念传到中国时间还较短，但因其独特的意义已经引起国内公益界和企业界的共同关注。比如，2007年，新公益伙伴（New Philanthropy Partners）与中国红十字基金会合作成立“NPP公益创投基金”，NPI公益组织发展中心与联想集团合作开展联想公益创投计划等。质言之，作为社会组织培育发展的创新模式，公益创投的独特意义在于：通过公益资金的回收循环使用，有利于提高善款使用的效率及其产生的更大社会效益；通过高度参与的专业管理以及社会网络关系等资源的支持，有利于促进社会企业的规范管理和可持续发展。NPP发起人陈宇廷指出：做慈善不能仅靠热情和慈悲，更需要智慧和管理，以及企业化的思维。他呼吁：“要像做企业一样做慈善，提高公益组织的管理水平。”如此才能让慈善更有力量和效率。参见百度百科“公益创投”词条；孙维晨：《公益创投：慈善与智慧的平衡术》，《财经时报》2007年12月14日；《公益创投的中国道路》，eNet硅谷动力2010年4月11日；吕朝：《公益组织孵化器、公益创投、公益广交会——公益支持性体系的新探索》，载杨团主编：《中国慈善发展报告》（2010），社会科学文献出版社2010年版。

② 笔者注：在中国，社会企业还是一个非常新的概念。社会企业不是纯粹的企业，亦不是一般的社会服务，它通过商业手法运作，赚取利润用以贡献社会，所得盈余用于扶助弱势社群、促进小区发展及社会企业本身的投资，重视社会价值多于追求企业盈利的最大化。而且，社会企业最为核心的使命是社会创新，即提出“独特的解难方法”，并用商业模式规模化解决社会问题，而自我生存则是解决方案的衍生品。社会企业不追求基业长青，只为解决社会问题而存在。从根本上说，“社会企业”只是一种手段，而传统的公益组织也是一种手段。比如你有1万元，传统的做法是直接给受助者，社会企业则拿它设法赚了钱再帮助困难者，或者聘用困难者就业。参见百度百科“社会企业”词条；百度文库“社会企业在中国”文档，载于 http://www.docin.com/p-220729735.html。

造慈善捐赠的新形态、新方式。[①] 其主要特点是：视慈善捐赠为社会投资，慈善事业为进行社会投资的社会市场；以结果——慈善投资的回报为度量标准，促进对慈善投资行为的再选择，以求有效运用慈善资源；为了有效运用慈善资源，建设慈善市场上的新机构，包括管理顾问公司、公益投资银行、慈善家网络等等；多角化、多元化、多样化的慈善投入，即动员及集成跨国的私人资源包括金钱、时间、社会资本、专业技术、媒体、行销人才，以及政治关系等所有可能动员的力量来改变世界。我们需要正视传统慈善和现代慈善的区别：传统慈善只能治标，即减轻苦难的严重性，而现代慈善将以投资来解决根本问题。通过慈善投资的方式，可以摆脱以往的“施舍性质的济贫院方式”，更能凸显自由、个人价值以及企业精神。总之，随着这种新慈善伦理的成长，与新一代慈善家想要让捐款更富于效率的决心一起，正在成为全球进入慈善捐赠黄金时代的重要激励。

三、组织能力是可以提升的

就如同德鲁克在面对“卓有成效可以学会吗”这个问题时，他首先给了一个假设，假设卓有成效是可以学会的，然后把这样一个抽象的问题具体化或是把这样一个感觉性概念转化为可以“触摸”的问题：卓有成效应该包括哪些内容？我们应该学些什么？该用怎样的方式学习？卓有成效是一种可以通过概念和系统学习获得的知识吗？是要像学徒那样才能学会的技能，还是要通过反复实践来养成的习惯？他以大量的案例来分析，卓有成效是可以训练的，并且概括了五项要素，即卓有成效的管理者要重视并学会时间管理、外界贡献、善用长处、集中精

① 杨团：《一场新的慈善革命：“慈善资本主义”与公益伙伴关系》，载《学习与实践》2007 年第 3 期。

力、有效决策。[①]之后，他把这五项要素作为全书的主题，顺其自然地、合乎逻辑地展开论述，这种独到而充满智慧的见解，不是简单的理论推演获得的，而是在深入企业实践中得出的，源自于实践、学习和修炼。

我们在思考慈善组织的能力建设时，同样面对着“组织能力可以提升吗”类似的问题。这同样是个实践问题，仅从理论去解构和建构的话，非组织学、管理学等单一学科工具能够胜任。只不过彼是关注领导者的个人能力，希冀造就卓有成效的管理者；此是着眼于慈善机构的组织能力，渴望推动组织迈向成功。因此，本书主要也是通过一般描述和案例分析来研究慈善组织的能力建设，并尽可能从普遍的实践中得出一般性的结论，力争经得起时间和实践的考验。本书从实践角度提出的——使命与持续发展能力、组织与制度建设能力、项目开发及营销能力、公共关系及合作能力建设——这四个要素不是先验的，而是提炼的；是透过一般原理来管窥普遍现实，从对慈善事业发展和组织能力建设案例的解析中得出来的。

回顾本书各章所提出的相关基本理论、组织成长现实和能力提升路径，读者会发现理论与现实并不遥远，描述并不陌生，案例就在身边。全书大大小小几十个案例，从组织历史看，有历时较长的，有刚刚成立的；从组织业绩看，有盛名在身的，有平凡无奇的；从组织发展看，有势头强劲的，有岌岌可危的；从组织转型看，有顺利革新的，有陷入困境的；从业务范围看，有跨领域的，有很单一的；从组织属性看，有官办的，有草根的；从组织规模看，有的是庞大帝国，有的还形不成团队；从组织运转看，有的已非常专业，有的还业余得很；从组织发展

① [美] 彼得·德鲁克：《卓有成效的管理者》，许是祥译，机械工业出版社 2010 年版，第 42 ~ 44 页。

看，有的已很现代，有的还较传统；如此等等。因为本书作为专业工作者的参考性读物，又是关于能力建设方面的著作，就要避免陷入泛泛而谈的窠臼和逻辑混乱的困境。虽然不是教科书或学术著作，也需要一个基本的体系建构，尽量融通俗性、可读性、适用性、可操作性于其中。

德鲁克在论述卓有成效的管理者时曾经指出，“有效性虽然人人可学，但却无人可教。有效性不是一门课程，而是一种自我训练。”这种自我训练不仅应该包括从组织的宗旨设定、使命陈述到营销策略、公关能力，从基本的组织设计、制度建设到核心的项目开发及实施能力，从着眼组织的内部治理到放眼组织与外部的合作能力等；还需从组织生命周期和成长过程的角度来审视，从关注阶段特征到抓住阶段重点，在纵横两维中总结出能力建设的独特视角。环视我们的四周，各色各样的成功和失败的组织成长案例，慈善领域的管理者、研究者和从业者通过观察不说见仁见智，相信也各有所得。既然能力建设是一个组织自我提升的过程，那么，渐修顿悟也就成了唯一可行的实践，在实践中把握住基本原则和关键点，主动迎接面临的问题、挑战和机遇，慈善组织必将实现从平凡到优秀、从优秀到卓越的非凡超越！

参考文献

一、著作类

1. 冯英、穆凤龙、聂文倩编著：《外国的慈善组织》，中国社会出版社 2008 年版。

2. 葛道顺、商玉生、杨团、马昕：《中国基金会发展解析》，社会科学文献出版社 2009 年版。

3. 康晓光、郑宽、蒋金富、冯利：《NGO 与政府合作策略》，社会科学文献出版社 2010 年版。

4. 世界银行发展报告：《变革世界中的政府》，中国财政经济出版社 1997 年版。

5. 孙耀君主编：《西方管理学名著提要》，江西人民出版社 2008 年重印版。

6. 田玉荣主编：《非政府组织与社区发展》，社会科学文献出版社 2008 年版。

7. 吴晓波主编：《西方工商管理学名著提要》，江西人民出版社 2005 年版。

8. 萧美娟、林国才、庄玉惜：《NGO 市场营销、筹募与问责：理论与操作》，社会科学文献出版社 2005 年版。

9. 俞可平：《民主与陀螺》，北京大学出版社 2006 年版。

10. 杨静光编著:《古今管理理论概要》,中共中央党校出版社2005年版。

11. 杨团、葛道顺主编:《中国慈善发展报告》(2009),社会科学文献出版社2009年版。

12. 杨团主编:《中国慈善发展报告》(2010),社会科学文献出版社2010年版。

13. [美] 彼得·德鲁克管理学院编著:《德鲁克实践在中国》,机械工业出版社2009年版。

14. [加] 伊恩·斯迈利、[英] 约翰·黑利:《NGO领导、策略与管理:理论与操作》,陈玉华译,社会科学文献出版社2005年版。

15. [美] 阿尔·里斯、杰克·特劳特:《定位》,王恩冕等译,中国财政经济出版社2002年版。

16. [美] 保罗·C·莱特:《持续创新:打造自发创新的政府和非营利组织》,张秀琴译,中国人民大学出版社2004年版。

17. [美] 彼得·德鲁克:《卓有成效的管理者》,许是祥译,机械工业出版社2010年版。

18. [美] 彼得·德鲁克:《德鲁克管理思想精要》,李维安译,机械工业出版社2008年版。

19. [美] 彼得·德鲁克:《非营利组织的管理》,吴振阳等译,机械工业出版社2007年版。

20. [美] 彼得·德鲁克:《卓有成效的组织管理》,[日] 上田惇生编,齐思贤译,东方出版社2009年版。

21. [美] 海因茨·韦里克、哈罗德·孔茨:《管理学——全球化视角》(第11版),马春光译,经济科学出版社2004年版。

22. [美] 加里·胡佛:《愿景》,薛源等译,中信出版社2008年版。

23. ［美］丽莎·乔丹，［荷兰］彼得·范·图埃尔主编：《非政府组织问责：政治、原则与创新》，康晓光等译，中国人民大学出版社2008年版。

24. ［美］迈克尔·波特：《国家竞争优势》，李明轩等译，华夏出版社2002年版。

25. ［美］普华永道变革整合小组：《管理悖论——高绩效公司的管理革新》，徐京悦等译，经济日报出版社2002年版。

26. ［美］小约翰·谢默霍恩：《管理学原理》，甘亚平译，人民邮电出版社2005年版。

27. ［美］伊查克·爱迪思：《企业生命周期》，赵睿等译，中国社会科学出版社1997年版。

28. ［日］远藤功：《持续力——企业永续经营的八大关键》，林琳译，中信出版社2007年版。

29. NPO信息咨询中心：《中国非营利组织管理案例集》（2009），互联网资料。

二、文章类

1. 崔子研：《我国公募基金会的10个误区》，载《公益时报》2010年2月2日。

2. 邓媛采访整理：《解读国外慈善如何透明》，载《国际先驱导报》2010年8月24日。

3. 封满楼：《国内慈善募捐存在三大误区》，载《青岛财经日报》2010年12月9日。

4. 韩俊魁：《论中国非营利组织社会责任承担的四个命题》，载《社团管理研究》2009年第12期。

5. 何莉君：《慈善为何——读〈理解慈善——意义及其使命〉》，

载《开放时代》2009年第4期。

6. 何增科：《中国公民社会制度环境要素分析》，载俞可平编：《中国公民社会的制度环境》，北京大学出版社2006年版。

7. 王振耀：《当代中国慈善事业：现状、路径、前景》，载《中国社会科学报》2010年7月21日。

8. 徐宇珊：《从封闭到开放：中国基金会的“散财之道”》，载《中国非营利评论》第五卷，社会科学文献出版社2010年版。

9. 杨团：《一场新的慈善革命：“慈善资本主义”与公益伙伴关系》，载《学习与实践》2007年第3期。

10. 于常有：《非营利组织问责：概念、体系及其限度》，载《中国行政管理》2011年第4期。

11. 张华林：《关于平民慈善走向常态化制度化的思考》，载《社团管理研究》2011年第3期。

12. 张祖平：《中国慈善组织资金筹集问题研究》，载《社团管理研究》2011年第1期。

13. 郑功成：《现代慈善事业及其在中国的发展》，载《学海》2005年第2期。

14. 周艳辉：《慈善并不一定捐赠 关爱他人也是慈善——记来自民间的慈善草根团体》，载《公益时报》2011年2月25日。

15. 陈秀峰、李莉：《试论中国公益基金会的激励机制及其实现策略》，互联网资料。

16. 马向阳：《企业基金会：中国式探索》，互联网资料。

17. 徐永光：《中国NGO的发展战略》（PPT），2007年11月6日，中国NGO互动网。

三、互联网站

1. 中国民政部（www. mca. gov. cn）。

2. 百度网（www. baidu. com）。

3. 中国青基会（www. cydf. org. cn）。

4. 香港乐施会（www. oxfam. org. cn）。

5. 爱德基金会（www. amity. org. cn）。

6. 中国公益慈善网（www. juanzhu. gov. cn）。

7. 公益时报网（www. gongyishibao. com）。

8. 译言网（www. yeeyan. org）。

9. E 惠社（www. ecauses. org）。

10. 美慈中国（china. mercycorps. org）。